北京教育学院 2022 年科研课题“小初高思政课一体化的整体构建与实践策略研究——基于专题统整设计的实施路径”ZDGZ2022－05

向下扎根

法治教育核心理念的一体化教学

胡慧馨◎著

中国商务出版社
·北京·

图书在版编目（CIP）数据

向下扎根：法治教育核心理念的一体化教学 / 胡慧馨著. --北京：中国商务出版社，2025. 3. -- ISBN 978-7-5103-5565-3

Ⅰ. G634. 263

中国国家版本馆 CIP 数据核字第 202570DC71 号

向下扎根：法治教育核心理念的一体化教学

胡慧馨　著

出版发行：中国商务出版社有限公司
地　　址：北京市东城区安定门外大街东后巷 28 号　邮编：100710
网　　址：http：//www. cctpress. com
联系电话：010—64515150（发行部）　010—64212247（总编室）
　　　　　010—64513818（事业部）　010—64248236（印制部）
责任编辑：李自满
排　　版：冯旱雨
印　　刷：天津和萱印刷有限公司
开　　本：710 毫米×1000 毫米　1/16
印　　张：11　　　　　　　　　　字　数：186 千字
版　　次：2025 年 3 月第 1 版　　印　次：2025 年 3 月第 1 次印刷
书　　号：ISBN 978-7-5103-5565-3
定　　价：60. 00 元

目 录

导论　法治教育向下扎根从理念开始

提起青少年法治教育，很多人会觉得就是让中小学生认识各种法律规范、法律条文，认识国家公检法部门，向他们讲授哪些行为是合法行为、哪些行为是违法行为，违反了法律会受到什么样的制裁，应该如何知法守法……然而，法治教育应该如此吗？

我国法律涉及领域极为宽广，知识负担极为繁重。我国现行宪法有五部宪法修正案，共 143 条，现行有效法律近 240 件、行政法规 690 多件，地方性法规 8600 多部，还有多如牛毛的部门规章，就算是大学法律专业的学生，要把我国常用的法律法规记熟并且学会运用，都是一件极其有难度的事情，何况中小学生？而且，学习法律知识，对生活经验的要求也极高，把身体、心理、思维尚在发育当中的、尚未社会化的小学生作为具体法律法规的教学对象，教学的效果可想而知。另外，法治教育应当是一种法治意识或是法治信仰的教育，不仅要培养用法律来解决问题的思维，还要让这种思维方式转化为行为逻辑。要完成这个转化的过程，就应该学习法律法规制定的原则和理念，进行更有深度、更上位、更抽象的思考，例如：法律的本质是什么？为什么要有法律？没有法律社会将会变成什么样子？什么东西适合纳入法律的范畴？法律多如牛毛，这样是否合理？为什么要守法？法律的内容都是公平合理的吗？

此外，法治教育应该让学生学会对某些观点进行讨论，比如：治乱世用重典对不对？法律都是保护好人惩罚坏人的，对不对？通常总说“情理法”，那么法律理当是要摆在情和理后面的，对不对？我们的社会，守法的都吃亏，对不对？如果对，怎么会这样？该怎么办？法院的审判公平吗？这样的探讨一定比背诵偷东西判几年、离婚官司可不可以上诉要有意义。至于什么行为触犯什么法律，因为中小学生容易识别的大多为自然犯，因此，在进行道德教育的时候教导学生有适当行为，再辅以法治教育说明刑罚理论即可，似乎没有必要以刑罚威吓学生。

举例来说，如果让学生了解了“财产权”，则盗窃、抢夺、诈骗等行为当然是被禁止的，又何必一个罪名一个罪名详细介绍？又如果学生了解了“人格权”“生命权”“身体权”，则伤害、杀人等行为自然也是被禁止的。因此一个重要观念若能经过讨论、思考而成为学生心中的信念，远比不断记忆什么行为犯什么罪判多少年有意义。然而，过去的法治教育效果之所以不好，就是因为核心概念未建立。生硬记忆的结果导致评价只能用考试，导致学生为应付考试而学，导致老师为应付考试而教，最后导致法治教育恶性循环。

为了引导学生了解相关概念，按照不同的学龄阶段选取贴近学生生活的事例显得格外重要。例如小学学段当中，程序正义单元设置了一个情境：某一天上体育课，老师因为班长提议打排球，决定上排球课。而其他未被征求意见的同学则表示，他们很喜欢打篮球，但是老师根本没有问过他们的意见。借着这个例子，学生可以讨论体育课的内容应如何决定才比较公平，符合程序正义。到初中、高中之后，则以执法机关无充分的证据或理由逮捕路人，或未经公开审判而给人定罪，讨论程序正义的内涵。深入探讨法律相关概念，却不见令人却步的法律条文，而是一个个直指相关概念的案例事实。学生透过具体的事例来了解抽象的价值内涵，在心中建立起抽象的价值观后，进一步处理身边发生的具体事例。学生的思考活动在具体的事例与抽象的价值之间游走，更深化了对价值的了解和体会。这个过程跟专业的法律人学习抽象条文的过程，实有异曲同工之妙。

学生要了解核心概念，教师带领学生进行讨论也是很重要的。要训练学生的理性思辨及参与能力，深度研讨是必不可少的环节。教学的重点不在于思考问题所得的答案，而在于训练学生如何思考（to learn how to think, not what to think）。这样的教学重点或许跟我国基础教育阶段一直以来的教育方式不同，但在强调给教学松绑的“双减”加“开卷考”的大背景下，鼓励教师由传统的应试教育的教学模式，转向核心素养导向的教学方式，不正是教育改革的旨归吗？

法治教育向来给人严肃甚至枯燥的感觉，但民主法治也是一种生活方式。日常的生活中，处处可见民主法治的影子，民主法治不应该只是少数人高谈阔论的话题。生活中如果人人都有相互尊重、理性互动的意识，社会团体、政府机关乃至整个社会国家就能沉浸在民主法治的氛围中，让人民过着安居乐业的生活。与其说教师进行法治教育是在为国家的民主法治奉献心力，不如说是在向下扎根培养青少年民主法治社会的生活习惯。

因此，法治教育要根据学生的身心发展规律来设计知识内容，有衔接顺序、按层次递进、有逻辑上升。遵循学生的认知规律，不仅仅是让学生简单地理解记忆常用的法律法规，也不仅仅是把现实生活中发生的一些法律案件当故事讲给学生听，更不仅仅是策划一场热闹的法律实践活动让学生来表演，更为重要的是要让学生在生活中触碰到个体的自我面对群体的他者时的一些核心价值冲突，让他们本能、直觉地感受到纠结与困扰，从而学会独立思考、权衡利弊，以社会的共同利益为目标捍卫个人权利，形成公民意识——这就是法治教育向下扎根的最终目的。

第一章　法治教育的现实图景

从 1985 年启动“一五普法”规划，到 2021 年发布“八五普法”规划，在这近 40 年的时间中，我国的经济发展日新月异，法治建设也不断提升、日趋完善，时至今日，各方面都取得了前所未有的成就，而这些成就跟 40 年来持续推进的法治教育密不可分。

改革开放以来，我国青少年法治教育经历了一个从“法制教育”到“法治教育”的过程，仅一字之差，但是体现了我国治国理政观念的极大转变和法治教育的转型和深化。随着法治教育的深入开展，民众对青少年法治教育成效普遍持肯定态度，认为法治教育在预防青少年违法犯罪、促进青少年健康成长方面发挥了重要的、积极的作用。但是法治教育的目的并不仅仅在于预防社会犯罪。现代国家的基本治理方式是法治，建设法治国家离不开公民，而社会主义合格公民的培养离不开法治教育，法治教育在建设社会主义法治国家方面具有重要的基础功能。回顾过去，展望未来，在新时期，法治教育的推进除了需要在顶层设计上予以明确的指引，还需要结合当前中小学法治教育的实践，提炼其中的经验，发现可能存在的问题，进一步提出更具体、细致的建议。

教育部分别于 2013 年和 2017 年委托中国政法大学开展过两次[1]针对中

---

① 第一次调查重点在七个省（自治区）和两个直辖市，分别是河北、浙江、广西、广东、湖北、湖南、安徽的 22 个地级市和 8 个直辖市区县，对 340 余所中小学的师生及部分地方教育行政部门的工作人员开展调研。共计发放并回收 3694 份有效问卷，其中，针对中小学生的《青少年社会主义法治理念调查问卷》共计 3305 份，包括小学生问卷 1125 份、初中生问卷 1128 份、高中生问卷 1052 份；针对教育行政部门和学校管理者的《青少年法制教育现状调查问卷》共 389 份，包括教育行政部门管理者问卷 42 份和学校管理者问卷 347 份。

第二次调查拓展到 19 个省、自治区的所有地级市（海南省三沙市和该省直辖的县除外），以及北京、天津、上海、重庆四个直辖市中的 20 个城区。共计发放问卷 56376 份，回收有效问卷 56338 份。其中，小学高年级学生有效问卷 25752 份，初中生有效问卷 17611 份，高中生有效问卷 12204 份；针对学校管理者的有效问卷 536 份，教育局有效问卷 157 份，教研员有效问卷 78 份。

小学生法治素养的普查，结合中小学生法治素养的全国普查结果以及中小学法治教师实施法治教育教学的情况，对青少年法治教育的现状和存在的问题进行分析，我们可以看到当前我国青少年法治教育呈现的图景。

第一节 法治教育中的知识问题：碎片化

教育部的普查围绕青少年法治素养状况进行，首先是从法律认知方面进行测试，侧重于考查中小学生的法律常识掌握情况[①]。经过近 40 年的普法宣传，人们会认为中小学生作为重点人群对课本中的法律常识[②]的掌握程度应该比较高，可是调查之后发现，参与调查的中小学生在法律常识测试[③]中

① 2013 年调查问卷中，小学生的问卷分为价值判断、行为选择、法律常识三个部分，共有问题 51 个。初中生和高中生的问卷分为价值判断、行为选择、事例分析、法律常识四个部分，各有问题 61 个。2017 年调查问卷中，小学生的问卷分为价值判断、行为选择、法律常识、个人信息四个部分，共有问题 62 个。初中生和高中生的问卷分为价值判断、行为选择、事例分析、法律常识、个人信息五个部分，分别有问题 89 个和 84 个。

② 在 2017 年课程改革之前的《品德与社会》等中小学课程中包括的法律内容，主要涉及宪法、反分裂国家、治安管理、环境保护、消费者权益保护、未成年人权益保护、预防未成年人犯罪、残疾人保障、文物保护、知识产权保护、民族政策、毒品问题、沉迷网络问题、禁止吸烟问题、婚姻继承法等。在初中阶段，法律知识主要涉及宪法、立法法、游行示威法，涉及选举权、教育权、劳动权及知识产权等的保护，也有民法、物权法、合同法、刑法、行政法等实体法内容，讲授民事诉讼法、行政诉讼法和刑事诉讼法等程序法，以及未成年人保护、未成年人犯罪预防等。这些内容涉及对法的认识、违法制裁与犯罪预防、未成年人权益保护、公民权利义务、依宪治国和实现公平正义以及环境保护和可持续发展。在高中阶段，在小学和初中法治知识教育涉及的主要实体法和程序法、公法和私法基础上新增了反分裂国家法、企业法、调解仲裁法、民族区域自治法、农业法、城乡规划法、土地管理法，还涉及反不正当竞争法、银行法、证券法、保险法、公司法等规范经济活动的法律，法律内容涉及生命身体健康、生态环境保护、公共秩序构建，等等。

③ 2013 年和 2017 年调查中法律常识题的设置大致相同，以 2017 年为例，小学生卷的法律常识部分共计 16 道题，分别涉及宪法、民法、义务教育法、未成年人保护法以及道路交通安全法等，主要考查了宪法的法律效力、对国家标志的基本认识、未成年人的基本权利等知识点。初中卷法律常识部分共设置 16 道题，分别涉及宪法、民法、刑法、未成年人保护法、义务教育法和消费者权益保护法的内容，主要考查了宪法基础知识、选举、未成年人权益保护、未成年人法律行为性质界定、犯罪等初中生应当掌握的法律知识。高中卷法律常识部分题目的数量为 18 道，包括宪法、民法、刑法、经济法、未成年人保护法、义务教育法、行政法和诉讼法，主要考查宪法的效力、平等原则、消费者权益保护、税收、继承、诉讼程序以及犯罪与刑罚等内容。

的平均正确率却不高，[①] 甚至可以说处于不及格状态，也就是说，从 2013 年，国家的法治建设进入加速发展阶段，中小学生的法律认知状况非但没有提升，还出现下降的趋势。

比如，对宪法的认知。宪法具有最高的法律地位，中小学生对宪法的认知率应当比较高。对于“在我国，规定了国家生活中的根本问题，具有最高法律效力，被称为‘国家根本大法’的是什么法”这个问题，在 2013 年调查中，小学生中回答正确的只有 42.1%，其余 57.9%的小学生选择了民法、行政法、刑法或者不清楚。在 2017 年的调查中，小学生中 61.63%回答是宪法，其他学生选择了民法、刑法和行政法，分别占 13.96%、6.26%和 6.96%；还有 11.18%的学生表示不清楚。初中生在对“有关宪法的表述是否正确”进行判断时，2013 年调查显示，答案正确率为 72.43%，错误率为 27.57%。2017 年调查时，则下降至只有 50.95%的同学答案正确，还有近一半同学回答错误。对于“宪法的最高法律效力表现在哪个方面”的问题，在 2017 年调查中，25.07%的高中生选择了“一切普通法律的制定都必须有宪法的依据”，16.28%的高中生选择了“凡是与宪法的原则和精神相违背的法律、法规无效”，12.42%的高中生选择了“一切违反宪法的行为，必须予以追究”，46.23%的高中生选择了“宪法是国家根本大法，规定了国家生活中各个方面的内容”——选择这个答案的同学虽然知道宪法是国家根本法，但是对于宪法规定了哪些内容并不了解，造成误判。对于“依法不享有政治权利的人”的问题，2017 年调查显示，高中生中选择正确选项“美籍华人”和“被处以死刑立即执行的人”占比虽然达到 63.77%，但仍有 21.31%的学生错误选择了“刑事犯罪的人”，另有 14.92%的学生错误选择了“未满十八岁的人”，说明部分高中生对公民政治权利还存在模糊认识。对于宪法规定的我国的根本政治制度，在 2013 年的调查中，初中生回答的正确率只有 39.45%，错误率达到 60.55%；2017 年调查显示，26.05%的初中生选择人民民主专政制度，34.74%的初中生选择人民代表大会制度，32.83%的

---

① 2013 年小学生、初中生和高中生在法律常识测试中的平均正确率分别为 63.8%、55.8%、53%，2017 年小学生、初中生、高中生法律常识题平均正确率分别为 68.43%、46.16%、44.79%。

初中生选择社会主义制度，6.38%的初中生选择民主集中制。从上述情况可知，宪法作为国家根本法，中小学生对其法律效力、内容，对公民政治权利等基本问题，了解仍然非常有限，对于一些基本的宪法知识，存在模糊认识，这种认知状况与我们一直强调的宪法教育和宪法的法律地位并不匹配。

又比如，对违法、犯罪、法律责任的认知。青少年法治教育以及历年普法运动的目标之一就是预防未成年人犯罪，以此推之，关于未成年人违法、犯罪、法律责任的认知度应当比较高。对于常见的不良行为的定性，2013 年将其作为初中生的问题，列举了常见的旷课、夜不归宿、强行向他人索要财物等行为进行辨识，初中生中正确率为 81.21%，错误率为 18.79%。2017 年调查中，对“旷课、喝酒、抽烟的行为性质”进行判断时，69.52%的小学生可以明确判断属于法律规定的“不良行为”。调查显示，由于学校通常将《中华人民共和国预防未成年人犯罪法》（以下简称《预防未成年人犯罪法》）作为教育重点，对于法律禁止的不良行为，中小学生的认知情况总体是比较好的。但是对于违法、犯罪的界分以及是否需要承担法律责任，初中生的认识还是较为模糊。2017 年调查中的问题：乙同学（15 岁）是电脑高手，为了显示自己的本事，向当地政府部门的网站发动“攻击”，造成该网站不能运行。对此，下列说法正确的是？51.35%的初中生认为该行为已经构成犯罪，26.28%的初中生认为“虽然违法，但不会构成犯罪”，17.99%的初中生认为“乙未满 16 周岁，属于无刑事责任能力人，所以不构成犯罪”，还有 4.37%的初中生认为“只是贪玩，没有违法”。虽然一半的初中生都了解攻击政府网站造成网站不能运行的后果构成犯罪，但是还有一半的初中生认知不清晰，甚至有近两成的同学将刑事责任年龄和行为是否构成犯罪相混淆。对于法律责任的类型，面对“丁（17 岁）是高中生，因打群架被公安局治安拘留 10 天，这种处罚属于什么？”的问题，37.6%的高中生认为属于行政处罚，37.77%的高中生选择纪律处分，12.96%的高中生选择行政处分，11.66%的高中生选择刑罚。可见，高中生中近七成无法准确区分不同性质的责任，将法律责任混同于纪律处分。

再比如，对《义务教育法》《未成年人保护法》的认知。《义务教育法》和《未成年人保护法》是两部与中小学生关系最密切的法律，学生的认知度应当比较高。对于涉及《义务教育法》的比较复杂的多选题，“初一学生小燕由于家庭贫困，外出打工的一起劳资纠纷”，在 2013 年的调查中，86.35%的初中生选择正确。在 2017 年的调查中，66.31%的初中生选择了正确答案。对于学校勒令 15 岁的“问题学生”退学的做法，66.53%的初中生认为“学校的做法侵犯学生的受教育权，是违法行为”。涉及《义务教育法》的另一问题：甲同学（15 岁）是一个让老师、家长头痛的“问题学生”。去年五月，正在读初二的他被学校勒令退学。后来，甲痛改前非，极力要求复学，但学校一直没有答应他的请求。依据《义务教育法》和《未成年人保护法》，下列说法正确的是？2013 年调查显示，79.52%的初中生认为“学校的做法侵犯学生的受教育权，是违法行为”。2017 年调查显示，66.53%的初中生选择同样的答案。

从上述调查结果可以看到，中小学生法治教育中存在的比较明显的知识问题，就是法律知识链条不完整、不成体系，法律常识认知呈现“碎片化”。众所周知，任何学科知识的学习都必须遵循一定的逻辑、体系和结构，一个完整的知识体系是课程目标转化为教育成果的纽带，是课程实施活动顺利开展的依据，法律学科也不例外。法治教育也要遵循完整的体系和结构才能够达到掌握知识、贯通理念的效果，但是从调查的结果来看，当前中小学法治教育效果显然与理想存在距离。

第二节　法治教育中的理念问题：残缺化

中小学生尊重和维护自由、平等、公平、民主等价值，才会真正接受、遵守、认可法律。因此，教育部在上述两次中小学生法治素养情况的调查中，除了对中小学生的法律常识进行了测试，也针对法治相关理念进行了测试。法治理念的测试侧重于考查学生对民主、平等与公平、自由、正义、法律至上等法治价值的认同程度。由于公平、正义等价值过于抽象，难以被中小学生理解，所以，调研将问题聚焦于学生熟悉的班级和校园生活。

调查结果显示，中小学生对于“民主”“自由”“平等”“公平”等价值理念，已经形成了一定的共识，奠定了法治认同的心理基础。

如，在对“自由”理念进行测试时，“小学生有言论自由和阅读自由，所以家长和老师阻止孩子上网就是侵犯了他们的自由”一题，约57%的小学生选择不赞同；“人们的言行只要在法律和道德允许的范围内就是自由的”一题，约53%小学生选择赞同，也就是说，过半数的小学生能够理解自由是有边界的，家长和老师有权干涉自己的自由，也能够理解法律和道德就是决定自由边界的因素。

又如，在对“平等”“公平”理念进行测试时，对于身边不公平的事件，学生们都能表达强烈的反感。“如果班上有一位同学身体有缺陷，老师和同学平等对待他（她）就可以了，没有必要给予什么特别的照顾”一题，约70%的初中生、60%的高中生认为应当给予身体有缺陷的同学特殊照顾；“学校可以根据学生的成绩分重点班和普通班，将好的老师安排在重点班”一题，约70%的中小学生选择不赞同，也就是说大多数学生有较强的平等意识，能认识到教育机会应该是平等的，区分重点班与普通班，并将优质师资集中于重点班，会使普通班学生在学习资源获取上处于劣势，违背了每个学生应享有平等教育机会的原则。这表明他们对教育起点公平有较清晰认知。

再如，对“民主”“民主参与”理念进行测试时，学生表现出极强的认同感，两道涉及班级和学校管理的问题，学生均表现出了极大的民主参与热情。对于如何行使民主权利的问题，“在班级讨论中，有个别同学的想法大多数同学都不赞同，就没有必要让他说下去了”一题，绝大多数学生选择不赞同，说明大多数学生对于尊重他人的意见已经形成基本共识。在民主的应用方面，对“某同学在教室丢了东西，老师怀疑是本班学生所为，在查无结果的情况下，让同学们投票‘选小偷’”的问题，中小学生的选择显示，90%以上的学生反对滥用民主的方式，学生的共识度极高。

尽管从上述调查中能够看到，大多数中小学生对于“自由”“平等”“公平”“民主”等价值的判断已经有了很明确的认识，但是在现实的行为选择中仍然存在一些价值认知的缺陷，典型的就是程序正义理念的缺失。

例如，对“某些罪大恶极的人不应让律师为其辩护，以防止其逃脱法律制裁”，只有约15%的高中生表示坚决反对，将近80%的高中生选择赞成或说不清楚。高中生在中小学生当中算是心智思维发育较全面、生活经验较丰富的群体，但居然有八成以上高中生还没有树立起“程序正义”的观念，误以为对罪大恶极的人就不应该提供辩护。

这也从另一个角度说明了中小学法治教育基础尚不牢固，虽然能够理解一些法治价值，在情感上也能认同，但是仍然有一些价值和理念是缺失的，加上基础知识的认知不足，导致思维转化过程中出现价值扭曲。

法治作为治国理政的基本方式，必须建立在社会成员普遍认可的基础上。正如英格尔斯指出：再完美的现代制度和组织原则，如果没有其得以运行的社会根基和缺少赋予这些制度与组织原则以真实生命力的现代心理基础，也会变成一堆废纸或畸形发展。① 当代中国的法治建设，如果未将法治理念作为社会心理基础和前提，就会遇到强大的阻力而举步维艰。因此，应当补全和加强对青少年法治核心理念的教育，只有将法治核心理念全面吸收内化为价值判断，才能有理性反思、诠释和再构建的基础，青少年才能真正完成社会化的过程。

第三节　法治教育中的实践问题：一体化

随着全面依法治国的不断推进，作为思想政治教育子系统的法治教育也在不断推进，思想政治教育要采取一体化贯通培养，法治教育也要采取一体化贯通培养。

关于法治教育一体化的研究和论述逐年递增，在理论方面形成了丰富的研究成果。综观之，有从课程系统之内进行的研究，如法治教育目标一体化、教学内容一体化、教学方法一体化、教学评价一体化以及教材建设一体化等领域，也有从课程系统之外进行的研究，如法治教育一体化的历史演进、理论阐释、整体建设、建设思维等视角。然而，有关法治教育一体化的

① ［美］英格尔斯：《世纪档案——影响20世纪世界历史进程的100篇文献》，中国文史出版社1996年版，第435页。

这些对策建议、原则理念在教学实践中是否能直接指导微观层面的教学设计，在教学实践中是否能有效转化、运用、落实，则需要在广泛调研的基础上进行观察总结。

一、管中窥豹：以北京为例

北京教育学院课题组在2023年对北京市中小学道德与法治学科教师展开过一次关于“法治一体化开展和建设情况”的调研。调研范围为北京市六个主城区（西城区、东城区、海淀区、朝阳区、丰台区、石景山区）及十个远郊区（门头沟区、房山区、通州区、顺义区、昌平区、大兴区、怀柔区、平谷区、延庆区、密云区）的中小学。调研以发放“北京市小初高法治教育一体化建设情况调查问卷”的形式进行。

通过网络发放调查问卷1031份，有效回收1031份。参与调研的中小学道德与法治学科教师当中，小学教师441人，中学教师590人（其中初中学段341人，高中学段249人）；城区学校教师470人，郊区学校教师561人。调查问卷从教学目标、教学内容、教学方式、教师队伍、机制保障五个方面设计了20项问题。

研究结果采用SPSSAU进行处理和统计分析，在数据统计的过程中，以学段差别和城乡差别为影响结论的假设基础，将交叉分析作为分析的重点，自变量（样本属性）设置为所教学段和任教学校，因变量分别添加与教学目标、教学内容、教学方式、教师队伍、机制保障等相关的题目进行分析。

二、中小学法治教育一体化落实的现状

通过调研可以看到，北京市中小学法治教育一体化落实在两个方面总体表现较好：第一，在一体化教学意识方面，中小学法治课教师素养较高，普遍有一体化教学的意识，调研显示，87%的中小学法治课教师对一体化教学有了解，并能积极主动去学习一体化教学各方面的内容；第二，在一体化课程目标方面，中小学教师均能积极主动地跨学段去了解非任教学段的课程目标。最新的《义务教育课程方案和课程标准（2022年版）》中，法治教育教

学非常注重课程一体化的设计和学段目标的设立，且有关法治教育的课程目标设置非常清晰、精细，不仅设置了总体目标，还分别设置了学段目标，1～2 年级、3～4 年级、5～6 年级、7～9 年级，法治教育目标各有不同、各有侧重。在调研中，85%的法治教师表示对新课标中的各学段法治教育课程目标都进行了认真学习，并且会注意在教学目标落实过程中与其他学段的课程目标进行衔接。

但是，从调研结果来看，北京市中小学法治教育一体化在建设中也存在一些问题，法治教育一体化实效性不佳。

第一，法治教育一体化聚焦不够。虽然各个学校对于思想政治教育一体化的重视程度较高，大部分学校或区县教师培训部门均组织过一体化建设的相关活动，活动形式丰富多样，有一体化教学观摩或展示、一体化集体教学研讨、一体化教学培训研修等，83%的中小学教师都参加过思政课一体化教学的相关活动。但是大部分一体化的教学都不是法治教育主题，而是革命文化、优秀传统文化、社会主义经济建设、劳动教育等等其他主题，法治主题的一体化教研活动仅占 20%。

第二，法治教育一体化教材不熟。调研结果显示，大部分教师对于自己任教学段的教材非常熟悉，但是对于非任教学段的教材，很多教师表示不熟悉或熟悉程度一般，这部分教师在受访总人数中比例高达 83.9%，仅有 16.1%教师对其他学段的教材表示比较熟悉或十分熟悉。

教材是开展教学的重要载体，熟悉各学段教材是开展法治教育一体化的基础。如果对其他学段的教材了解不够，就无法在课程内容上进行一体化的设计和组织，更谈不上发现教材的问题，进行教材一体化的优化。对于其他学段教材不熟悉，由此引发的连锁反应就是，小学、初中、高中思政课教师除了自己任教的学段，对其他学段的教法和教学要求均不熟悉，以至在进行教学设计时，教学内容跟其他学段的内容衔接不够。

第三，法治课教师跨学段交流有障碍。法治教育一体化建设当中，教师队伍的建设是关键。不同学段的法治课教师面对的学生特征不同、教学目标不同、教学任务不同、教学方式不同，在构建一体化的过程中，相邻学段法治课教师进行教学研讨交流是法治教育一体化的必然要求，只有在研讨交流的基础上，才能在教学内容、教学方式等方面形成共识，一体推进。然而，调研结果显示，受访的1031位中小学教师当中，仅有37.83%的教师对与不同学段法治课教师交流抱有强烈的意愿，其余54.51%的教师有意愿跟不同学段法治课教师交流，但是意愿不强烈，可有可无，甚至有7.66%的教师没有意愿与不同学段法治课教师交流。很显然，跨学段进行研讨交流意识不够，会极大地阻碍一体化的建设。

三、法治教育一体化实效性不佳的原因

上述几个问题不解决，或许会成为法治教育一体化有效推进的制约因素，分析法治教育一体化实效性不佳的原因，大致如下：

第一，法治教育一体化聚焦不够，主要是因为中小学思想政治课内容过于庞杂，一体化教学的主题被分散。按照《义务教育课程方案和课程标准（2022年版）》要求，道德与法治课程要培养学生的核心素养，包括政治认同、道德修养、法治观念、健全人格、责任意识，中小学思想政治课程要有机整合社会主义先进文化教育、革命文化教育、中华优秀传统文化教育、国家安全教育、生命安全与健康教育、劳动教育等相关主题，因此，法治教育仅仅是中小学思想政治教育体系的一个子系统，除了法治教育，中小学思想政治教育还涉及国情、经济、社会、心理健康、传统文化等内容。中小学思政一体化建设要兼顾、涵盖诸多系统内容，导致主题分散，加之法治教育的专业性较强，难度较大，于是一体化建设在法治教育方向聚焦得少，其他主题占比相对就会更多。

第二，法治课教师对非任教学段的教材、教学要求不熟悉。我国教育长期以来受考试指挥棒的影响，对于中小学教师来说，本学段、本学科最重要的事情就是学生最终的考试评价，大部分教师会把时间精力倾注在本学段、本学科的教学当中。加之平时还要应付各种琐碎的教学考核、行政考核，对于其他学段、其他学科的教材、教学目标、教学要求等，教师们已然无暇顾及了。

第三，法治课教师跟其他学段教师交流的意愿不强烈，最主要的原因在于缺乏交流的常规机制。目前北京市全域内并未普遍建立起跨学校、跨学段

研讨交流的平台或是一体化教研的长效机制，导致各学段之间的教研交流机会不多。在调研中，76.53%的教师表示几乎没有机会或很少有机会与其他学段的法治课教师进行教学上的交流研讨，仅有23.47%的教师表示机会较多。

2021年7月6日北京市教工委和北京市教委联合发布《北京市大中小幼一体化德育体系建设指导纲要》（以下简称《纲要》），在《纲要》当中明确要求“各高校、各区教育主管部门制定实施细则、实施方案”“定期举办相邻学段德育干部教师交流研讨会，建立跨学段学生思想行为特点调研反馈机制，研究解决跨学段德育工作的共性问题”，但从目前调研情况来看，三年过去了，北京市全域内并未普遍建立起跨学校、跨学段研讨交流的平台或是一体化教研的长效机制。

“3·18”座谈会之后，其实各地各校也都在努力地探索一体化的体制、打造平台。天津市在全国率先成立了大中小学一体化思政课教学指导委员会和大中小学思政课一体化教学研究联盟；上海市整合了部分区的个别高校及其附属中小学建立教育集团，打造大中小学思政课一体化建设示范区；辽宁省建设一体化协同网络平台，建立问题库、案例库、素材库和在线示范课程库等资源库，以教学资源共享的方式打造思政课一体化平台；北京市也在海淀区成立了全国首个大中小学思政课一体化教研组，研发思政课一体化教学课例。[①]

从表面看，全国各地思政课一体化开展得如火如荼，但是实效性其实很低。重点观察北京市海淀区建立的大中小学思政课一体化教研组（也称“北京市大中小学思政课一体化建设研究基地”）的做法，教师能够通过区域内的教研组牵线搭桥取得联系，可以“临时组队”就某一个主题进行集体教研、集体备课，形成一个或几个课例，可以进行一体化教学的展示。但是，这种临时队伍，虽然齐集了各学段教师，但成员并非同一所学校，而是来自不同的学校、不同学段，这种“临时组队”的团体是松散的、临时的，课例

① 董筱婷：《立德树人课 铸魂育人心——思政课十年改革创新成就述评》，《人民教育》2022年第Z2期。

是单一的、内容是零碎的，教学对象又是分散的。因此，这种机制之下形成的课例最大的意义还是在于展示，仅能说明临时团队在某个主题的形式、内容或教学方法上做了一定程度的一体化探索和尝试。这样的课例成果仍然不能解决教学内容孤立，缺乏系统性、递进性、层次性的问题，用于对外展示尚可，但对于教学对象来说依然难以获益。

第四，小学教师对一体化教学存在认知偏差。在调研中还有一个不容忽视的现象，就是小学教师参加法治教育一体化建设活动比例尤其低。究其原因，在于认知偏差。由于小学是起始学段，很多小学教师认为，作为起始学段，任务仅仅是情感启蒙，要求不高，无论是教什么、怎么教，都能起到情感启蒙的作用，所以如何衔接是下一个学段思政教师考虑的问题。很显然这个认知是有失偏颇的。法治教育的专业性和知识性比较强，法治启蒙其实更需要逻辑起点。要搭建有逻辑、有体系、有结构的法律知识框架，不能缺少逻辑起点的设计，一体化建设要解决的就是学段各自为政对学生进行零散的知识点讲授的问题。任何知识结构要有体系、有逻辑、能够层层递进深入贯彻，首先需要一个逻辑起点。小学学段实际上就是一个基础的逻辑起点，基础打不好，之后的递进和上升将难以进行。对于很多法治教育当中的重要内容，比如国家、宪法、公权力、公民基本权利义务、国家机关等，都需要准确地找到逻辑起点重构教学的内容，否则不能向学生讲清楚教材当中的很多概念和事件的联系、内涵，无法达到情感启蒙的教学目的。因此，小学教师更应该重视一体化的学习和设计。

在当前的法治教育现实图景中，存在的问题有可能不仅是上述列举的法治知识碎片化、法治理念残缺化、法治实践缺少一体化等。但是要实现法治教育的实效性，提升法治教育的质量，可以从上述几个问题入手，有针对性地探索法治教育向下扎根的有效路径。

第二章　法治教育向下扎根的路径

第一节　理念扎根：权力、权利、责任、公正

一、法治理念

近代法治理念有两个重要的内涵：首先，法治要求政府依法行政，也就是整个国家法律至上。国家的一切权力要根源于宪法，立法、行政、司法都必须在法律的框架内行使权力，宪法是政府和人民共同遵守的最高行为规范。此外，法治的另一项根本要义在于对个人权利的保障，这是法治最根本的目的和要求。

法治理念是对法律治理方式的基本认识和看法，通常也称为法理，从语义上可理解为法的原理、法的原则或法的价值等，它包括对法律规范（法律事件）的解释和分析、推理和思辨、论证和评判。对于一个具体的国家和社会来说，法治理念是一种关于国家治理手段的观点，它包含法律至上、权力制约、公正司法、公民权利、程序正义等核心价值。法治理念作为法治教育的基本范畴之一，全方位渗透在法律制度、法律生活、法治实践、法学理论之中，不仅对法律规范的目的性、正当性进行本体层面和价值层面的解释和分析，且对于法律运行层面的合理性进行论证和评判。因此，可以说法治理念是整个法律制度、法律现象的精神所依，是整个法律体系、法治体系的灵魂所在，对全面建设法治国家、法治政府、法治社会具有重要意义。

然而一般人仍停留在传统“法制”的思维上，其所关注的是国家法律的遵守与执行，因此特别强调“守法”，而不讲求人民的权利与自由的保障。

与国民法治理念形塑有密切关系的法治教育似乎也未脱离这样的窠臼，尤其在中小学中，法治教育就等同于法条教育，等同于犯罪防治教育，法律一再被强调其违法制裁的手段，特别是以刑法为主的法条灌输，忽略了法治在基本权利保障层面的意义。在课程方面，与法治有密切关系的教材是《道德与法治》，但纵览中小学不同版本的《道德与法治》教材，内容依然偏重法律条文和国家机关的认识，有关基本权利保障与依法行政的法治理念，仍显不足，即使有提到权利的观念，也只是一笔带过。在这种教材与教学环境之下，期待学生形成法治素养难度不可谓不大。要期待法治教育真正的成效，法治理念须得向下扎根，重新探讨中小学法治教育的路径。

从教育规律来看，法治教育内化过程有三个层次，第一个层次是理念认知，即法治理念的教育，也可称之为法理教育，把法律背后的基本道理纳入法治教育范围；第二个层次是规范认知，即以现行法律规范为核心，以学生掌握关于法律规范的基础知识为主要目标，以各实体性法律部门和程序性法律部门常用规范为认知的主要内容；第三个层次是行为认知，即识别自我及他人的行为是否合乎法律规范的要求，对不符合法律规范的行为进行准确定性，对有争议的行为进行合乎正义的价值判断。作为法治教育的底层逻辑支撑，最重要的过程显然是第一个——法治理念教育。

二、法治教育

法治教育概念最早是在 1978 年，由美国的《法律关联教育法》（*Law Related Education Act of 1978*，又译为《法制教育法案》）提出来的，法治教育（Law-Related Education）是指以非法律专业人士为对象，使之具备有关法律、法律形成过程、法律体系及其赖以为基础的法律基本原理与价值等知识与技能的教育。

日本参照美国对法治教育的理解提出了自己的观点，认为法治教育是“使受教者理解法基础上的思考，针对社会所发生的多样而具体的问题拥有自行做出公正而妥当的解决时所需要的知识、技能、意欲（信念）等，由此而培育理想公民的教育”。

作为通识教育、公民教育、义务教育阶段的法治教育，理应为中小学生参与法治生活提供必备的法治知识、技能以及法律基本原则和价值。中小学应以法治理念为生长点，有目的、有计划、有组织地向学生传授法治教育内容，使学生在遵法守法的同时知法用法，发自内心地按照法治要求来引导自身思想和规范自身行为。

中小学法治课程是法治教育得以落实的主要途径。在课程结构形式上，法治教育不仅可通过作为学科课程的《道德与法治》实现，还可通过以活动为组织方式的法治活动课程和围绕某一问题进行各科知识融合教学的综合课程开展；在课程地位和作用上，法治教育不仅可通过学校开设的显性课程开展，还可通过如校园环境、学生管理等隐性课程来实现；在课程开发主体上，法治教育不仅可以是全国统一实施的国家法治课程，还可以是地方课程、校本课程，即各地各校根据自身特色和需要来设计与实施相应的法治课程。大体上，义务教育阶段的法治教育扎根于我国教育实际，形成了以学科教学为主、其他教学形式为辅的课程教学体系，能够较为有力地实现义务教育阶段的法治教育目标。

三、法治理念和法治教育的关系

法治理念和法治教育之间存在密切的关系。法治理念是法治教育的理论基础和指导原则，而法治教育则是法治理念传播和实践的重要途径。

首先，法治理念的内容包括法律至上、权力制约、公正司法、公民权利等核心价值。这些理念是法治社会建设的基础，对于推动法治进程、保障人民权益、维护社会稳定具有重要意义。而法治教育则是指通过各种形式和途径，向公众普及法治知识、传播法治理念、培养法治信仰，以提高全民法治素质和意识。

其次，法治教育是法治理念传播和实践的重要途径。通过法治教育，可以使公众更加深入地了解法治的基本理念、原则和价值，从而增强对法治的认同感和信任感。同时，法治教育也可以培养公众的法治思维和法治能力，使其在日常生活中更加自觉地遵守法律、维护法律权益，推动法治社会的建设。

最后，法治理念也是法治教育的理论基础和指导原则。在法治教育中，必须坚持以法治理念为指导，确保教育内容和方式的科学性和有效性。同时，法治教育也需要不断创新和改进，以适应法治社会建设的新形势和新要求，更好地推动法治理念的传播和实践。也就是说，法治理念和法治教育是相互依存、相互促进的关系，重视法治理念在法治教育中的重要地位是法治教育的应有之义。

四、法治教育中的几个核心概念

在中小学法治教育当中，为了培养学生的法治意识和法律素养，需要一些重要概念来搭建法治教育的基础框架。无论是法治国家、法治社会还是法治政府，都内含着“法律至上”“权利保障”“权力制约”“公平正义”等重要的理念，提炼这些理念，与之对应的是权力、权利、责任和正义这几个核心价值，它们与法治教育密切相关，不仅是法治教育的核心价值，而且是法治教育所要遵循的基本原则。

权力（Power）是一种能够控制某事或指挥某人的能力，也是掌权者运用权威（Authority）的一种能力，民主社会中，政府机关、法律，都是掌权者运用权力的结果。掌权者具有正当合理的权威来源（即正当行使某种权利的权力），其运用权力的行为才是具有正当性的，因此，权力有其存在的必要性，必须受到尊重，但也必须受到限制。权力的观念涵盖了公权力的形成与正当行使等议题，涉及国家宪政规划的基本思维。在法治教育的语境中，权力主要指具有法律权威的控制力。法治教育强调法律的至高无上性，即所有社会成员，包括政府和个人，都必须遵守法律，不得超越法律。法治教育通过传授法律知识和培养法律信仰，使学生认识到法律的权威，并自觉地遵守法律。

权利则是每个人在个人人格发展过程中要求他人为或不为的一系列资格。当学生们知道自己需要什么样的尊重，他们也就知道怎么样去给予他人尊重；当他们知道自己有哪些权利是别人不能侵犯的，他们也就知道了别人有哪些权利是不能侵犯的，也就知道了所有的权利都有界限，以及公共利益和个人利益如何协调。公民的基本权利是公民个人生活的重要组成部分，也是法治教育关注的重要领域。法治教育强调保护公民的基本权利，即每个公民的基本权利都应得到国家的尊重和保护，不得被非法侵犯。法治教育通过向学生传授基本权利相关知识，使学生认识自己的权利，学会保护自己的权利，并在必要时寻求法律救济。

责任教育是让学生学会承担各种责任，了解只有每个人都承担责任才能使集体的机能顺利运作。每个人无论是在家庭、学校还是社会，都有不容推卸的责任。各种损害事件需要有负责人善后，各种公共事务的进行也都需要有人来推动。责任的观念，与良好公民素质的养成、与法治社会的正常运作密不可分，是法治教育过程中不可或缺的一个主题。在法治社会中，每个公民都应当承担起自己的责任，履行法律义务。法治教育通过培养公民的责任意识，使其明确自己的法律责任，积极履行法律义务，推动社会的和谐发展。

正义分为分配正义（distributive justice）、矫正正义（corrective justice）、程序正义（procedural justice）。当集体中有某些利益（例如奖励、工作机会）或负担（例如家务、税收）需要分配时，就涉及分配正义的问题；当某人做错事（例如抢夺他人财物）或权利受到损害（例如财产被他人损毁）时，为使结果得到公平的处理，就涉及矫正正义的问题；当人们要收集信息做出一项决定时，所采取的步骤程序是否妥当，就涉及程序正义的问题。三种正义，虽然未提及任何实定法的法条，但实质上涉及民法、刑法、行政法、诉讼法的基本原则，涉及法治教育的核心问题。正义是法治教育的核心目标，也是法治教育的最终目标。法治教育致力于培养公民的正义感，使公民能够明辨是非，维护社会公正。法治教育通过讲授正义原则和相关法律知识，使公民了解如何运用法律维护自己的权益，同时也能够尊重他人的权益。法律的存在和实施都是为了维护社会的公平正义，实现社会的和谐稳定。

权力、权利、责任、正义四个理念都涉及宪法及各项法律的基本价值，堪称汲取了法律基本价值的精髓，使法治教育的工作不必限于以法条讲法治的传统思维，而对法律的基本价值多有着墨，但问题是，抽象的基本价值如何传达给抽象思维能力尚未发育成熟的中小学生呢？

第二节 教学方案：三个学段、四个特征

一、三个学段

为什么中小学法治教育要采用小学、初中、高中三个学段一体化的教学策略？这里不仅有国家政策的依据，更重要的依据是人的认知规律发展要求。

20 世纪上半叶，瑞士心理学家让·皮亚杰（Jean Piaget）的道德认知发展理论将青少年发展分为四个阶段，分别是前道德阶段（0～2 岁）、他律道德阶段（2～8 岁）、自律道德阶段（9～12 岁）、公正阶段（12 岁之后）。[①]美国心理学家劳伦斯·科尔伯格（Lawrence Kohlberg）也将儿童道德发展分为三个水平、六个阶段，分别是前习俗水平，包括以惩罚和服从为定向的阶段、以工具性相对主义为定向的阶段；习俗水平，包括以“好孩子”为定向的阶段、以维护权威和秩序为定向的阶段；后习俗水平，包括以社会契约和个人权利为定向的阶段、以普遍的伦理原则为定向的阶段。

两位儿童心理学家都认为青少年的道德认知发展是分阶段的，并且随着年龄的增长，道德发展逐渐向高层次发展，而且道德发展与认知发展紧密相关，道德发展的过程在很大程度上是道德认知的发展。虽然他们的理论反映的是人的道德认知发展，但足以说明，人的道德发展是一个从简单到复杂、从不自觉到自觉的连续过程，具有顺序性和进阶性。青少年法治教育一体化是人的品德发展阶段性的必然要求。

2016 年，教育部、司法部、全国普法办联合印发《青少年法治教育大纲》，明确规定：“青少年法治教育的内容要以……法治理念……为核心，围绕青少年的身心特点和成长需求……分阶段、系统安排……核心内容；按不同的层次和深度，在不同学段的教学内容中统筹安排、层次递进。”在青少年

① 刘英丽、曹茹：《皮亚杰儿童道德发展理论及其启示》，《课程教育研究：学法教法研究》2015 年第 19 期。

的法治教育过程当中，提出了法治一体化教育的要求就是要“把握各学段目标差异。尊重不同学段学生思想认知规律，把握各学段目标的差异性”。

因此，在对青少年进行法治一体化教育时必然要考虑到不同学段的学生年龄、心理差异、逻辑思维及认知能力，进行分阶段、循序渐进、螺旋上升、层层深入、有机衔接的教学设计。

二、四个特征

由于法治教育的核心理念本身具有高度的抽象性和原则性，诸如权力、权利、责任、正义等理念价值对于中小学生来说，会显得比较遥远与笼统，教师实施核心理念教学的时候也存在比较大的困难。如何将核心理念具体化，使之与教育实践相结合，是落实法治教育核心理念教育目的与有效开展法治核心理念教学的关键所在。

针对中小学生，构建的法治理念教育方案至少要有以下四个特征。

（一）学生之间要充分进行互动

互动类的教学策略包括小组合作、模仿、角色扮演和模拟法庭等活动。强调学生之间互动和合作学习的教学策略，对于培养学生的法治意识、公民意识以及法律技能至关重要。互动可以促进学生之间的交流合作，共同解决问题，从而加深对知识的理解。互动可以提高学生的综合能力，锻炼学生的思维能力、口头表达能力和团队协作能力，这种能力在未来的学习和工作中都非常重要。互动还可以满足学生的需求，通过问答、讨论等方式，提出自己的疑问和见解，从而得到满足自己知识需求的机会，增强自信心和学习动力。此外，互动课堂具有公平性和平等性，可以照顾到学生的个体差异，为每位学生创造充分的互动条件，使每个学生都有机会展示自己；多种形式的互动还可以使课堂更加生动有趣，激发学生的学习兴趣和创造力。

（二）内容需具有现实性，且能平衡地处理议题

真实地、客观地处理议题是法治教育实现有效性的必要手段，针对争议的各个细节进行批判性的思考是议题讨论的关键。如果教师在实施教学时刻意将我国的法律和政治体系描述得完美无缺，当现实中遇到相关冲突时，学生会怀疑老师说话的可信度和教材内容的真实性。反之，如果教材中只列出

法律的各种漏洞，则会导致学生丧失对法治的信心。是尊重法律和政治制度，还是针对特定案例中法律的适用情况提出建设性的批评，两者间应该取得平衡。

（三）运用社会资源参与教学实施

协调社会资源，让学生有机会走进立法、行政、司法、监察各机关部门，了解各机关的工作机制，与机构工作人员接触互动，能使上课的效果更好更真实，有利于培养学生看待法律和政治制度的正面态度。在课堂中邀请律师、法官、警察、人大代表等人士参与，能有效提升学生对“做负责任公民”相关议题的兴趣，使学生对老师和学校有正面的回应。

（四）得到学校领导及教育行政部门的支持

要在校内成功推行法治核心理念教育，需要得到学校领导及教育行政部门的支持，尤其是中小学校校长及校党委。校领导采取支持的态度，有助于法治核心理念教育的推进和实施，例如：可以在校内安排让教师相互激励的活动，奖励有杰出表现的教师；协助教师协调校外资源，向校外人员说明教育计划的内容和制订计划的根据；以及给教师提供在职培训的机会，以取得实践法治核心理念教育计划所需要的知识和技能。此外，成功实施法治核心理念教育，教师及同事达成共识，并对此持正面态度非常重要。

第三节　教学策略：运用思考工具分析问题

随着学生社会化进程的递进，会遇到越来越多难以分析或解决的问题。法治教育核心理念的课程目标就在于给学生提供一套分析框架，即思考工具，帮助学生学会用批判性的思维方式来思考问题，进而以理性且负责的态度面对重要的议题。

所谓的“思考工具”就是指在面对“权力”“权利”“责任”“正义”等议题时，可以用来审视议题情况及帮助做决策的各种观念和问题。如同考古学家走入山间寻找古迹遗存，他们脑海中的知识和技能，包括事实、想法、假设和问题，让他们能观察到未受训练的人不会留意到或了解到的事物。外行人可能会无意识地踏过某个遗迹，但考古学家因为拥有专业知识技能，能立即辨识出某些远古的痕迹，然后利用他们的“思考工具”，系统地收集和处理信息，做出正确的判断。法治教育领域也是如此，受过训练且懂得运用“思考工具”的人相比没有受过训练的人，更容易理解某些事物、达成某些目标或做出明智判断及决定后续行动。

法治核心理念的一体化教育全程都鼓励运用“思考工具”来思考问题，但不同类型的问题思考工具也有所差异，因此，运用思考工具分析问题的策略与学生主动学习的策略叠加才能取得事半功倍的教学效果，且学生透过主动学习，更能发展出必要的人际和团体互动技巧，在民主体制中成功扮演自己的社会和政治角色。法治核心理念一体化课程的独到之处就在于训练学生运用思考工具，学生一旦学会运用这些思考工具，将受益无穷。

一、进行班级讨论

有效的公民教育包括呈现和讨论具有争议性的话题，而这正是让学生对课程感兴趣的窍门。经由讨论的过程，学生获得知识，学会处理纷争的技巧和决策经验，为成为一名合格公民做准备。班级讨论的教学要点在于：

1. 强调争议、妥协的合理性，致力于达成共识，这些正是民主法治社会的命脉。

2. 尝试以具体的方式说明争议的核心问题，尽可能让学生思考生活中的真实困境和问题。

3. 详述以往的事例，让学生了解过去类似的冲突是如何处理的。承认特定历史时期法治发展的不足。探讨各时期对于这些理念的诠释和应用，有助于学生了解让国家顺利运行的宪政体制，以及公民个人如何能协助国家进一步达成目标。

4. 鼓励学生以公正的态度审视及介绍相互冲突的观点，借此强调某种观点的合理性。教师必须提醒学生注意可能容易忽略的相对意见。

5. 让学生将注意力集中在讨论或处理观念或立场上，而非人的身上。强调在面对具有争议性的议题时，越具有思辨能力、越有理智的人越可能提出不同的意见。鼓励学生在面对不同意见时提出异议，即使自己是唯一持反对意见的人。

6. 协助学生确认正反观点，思考可能的折中方案，同时坚持不能妥协的底线。向学生强调结论或决定或许并不是最重要的，最重要的是提升自己的能力，能够做出明智的决策，并学会用文明的方式表达自己的观点，同时尊重他人的意见，这才是讨论要达到的最终目标。

7. 以评价各种观点和决策作为活动总结。教师的参与能让总结发挥更好的效果。

二、有效的提问策略

“提问”是法治教育理念核心一体化课程非常重要的一项特征。有效运用问题是学习的关键，因此需要详细规划。虽然有些问题可用来检验学生习得多少知识，但是采用提问策略的主要目标，应该是强化学生的能力，让他们做出明智而负责的决定。所以老师设计的提问策略，必须引导学生去分析问题情境以及整合思考工具，让学生终生都能运用从课程当中所学到的技能。

在规划班级讨论活动时，应该综合考虑以下六个问题：

1. 知识方面的问题。这类问题与回顾特定事实或信息有关。例如：正义问题可分为哪三种？

2. 理解方面的问题。这类问题关系到学生能否了解课程内容。请学生尝试用自己的语言复述或诠释所学内容，即可得出答案。例如：用图画来说明某人尽到了责任以及该项责任的起源，并用文字说明这一课的主要内容。

3. 应用方面的问题。这类问题关系到学生是否有能力把所学活用到新情境中。例如：以自身经验为例，举例说明这些概念可以应用在哪些地方。未来如何运用这套思考工具解决纷争？

4. 分析方面的问题。这类问题关系到学生是否有能力剖析材料内容，化整为零，包括辨识零碎的细节，以及建立各细节之间的关系。例如：在这种情况下保护隐私会有什么后果？哪些后果是有益的，哪些后果会带来损失？

5. 整合方面的问题。这类问题关系到学生能否将零碎细节整合成一个新的整体，重点在于创造新的思维模式。例如：如果你支持扩张法院权力，那么你能提出哪些新的理由？

6. 评估方面的问题。这类问题关系到学生能否判断手中材料的价值，这可能意味着要在相互冲突的责任之间做出选择，或者判断某项法规是否符合好规则的标准。例如：为什么思考工具有助于判断责任承担者？你提出的其他建议可能造成什么样的后果？

设计问题时，要注意不能让学生只听或只回应教师，要增加学生之间的互动，利用一些方法鼓励学生主动参与，例如：

1. 提出问题后，让学生两人一组进行讨论。

2. 要求学生详细解释他们的答案，这不仅对发言学生有利，也能惠及他人。

3. 要求学生提供额外的事实、信息、观点等，拓展自己或其他学生的答案。

4. 让学生根据课堂上所学的内容，提出一些问题。

5. 在提出问题后暂停至少七秒，给学生思考的时间。

6. 假如学生的答案很短或很破碎，让他们提供进一步的说明。

7. 每个问题都要请至少两位学生回答。

8. 鼓励学生对其他学生的答案有所回应。

9. 尽可能关注到每一个学生，给予公平的回答问题的机会。

三、鼓励小组学习

"深入探究/练习"通常设计成合作式的学习活动，让学生两人一组或分成几个小组来学习。活动要顺利进行，每个人的参与都是必要的。教师应该鼓励学生不仅在学术上要有好的表现，也要掌握搞好人际关系的技巧，因此，在精心策划与执行合作式小组学习模式时，教师应当审慎考虑两大核心要素。

首先是小组规模的合理设定。教师需根据探究课题的性质，巧妙安排成员数量，因为不同规模的小组展现出各具特色的互动模式。双人小组，以其高效的信息流通与力求共识的特点著称，然一旦意见相左，易陷入僵局，因缺乏第三方调解而难以破冰。三人小组则常有“少数服从多数”的现象，结构上虽稳固，但也偶有结盟现象，需教师引导以促和谐。偶数成员的小组，可能因双方意见均衡而加剧分歧，形成对峙局面。相比之下，五人小组往往具有最为理想的学习成效，活动流畅，即便遭遇少数派意见，亦能得到同伴支持，成员间既能相互激励，又保持了足够的个人参与感和归属感。至于超过五人的大型小组，虽在整体能力、知识广度上有所增益，但管理难度骤增，易导致注意力分散与参与度不均，需教师采取更多策略以协调团队行动。

其次则是分组方式的选择——是教师主导还是学生自选。学生自由组合往往基于相似性，如成绩相当、性别一致，这样的组合虽自然亲近，却可能限制了跨领域交流与合作，影响学习深度。相较之下，异质性高的小组更能激发创新思维，促进多元观点的碰撞与融合。因此，建议采用混合策略：先让学生表达合作意愿，教师在此基础上进行微调，确保每组成员兼具多样性与互补性。对于未被首选的学生，教师应特别关注，营造包容的学习环境。同时，随机分配法如报数分组，也不失为一种快速且公平的分组方式。一旦分组确定，宜保持相对稳定，以减少频繁变动对学生合作默契的干扰。

在策划小组活动时，以下建议旨在优化学习过程与成效：

1. 首要之务在于评估学生是否具备完成既定任务所需的能力。若存在能力缺口，应及早识别并采取措施，因为缺乏能力支撑的学习活动往往难以持久吸引学生的专注力。

2. 为学生提供清晰、具体的学习指南，确保每位成员在活动开始前就明确了解任务步骤与操作流程。这不仅有助于提升效率，还能促进团队协作的顺畅进行。

3. 合理安排时间。给予学生充足的空间去完成任务，同时鼓励创新思维与建设性反馈。若活动包括小组汇报环节，务必预留足够的时间供各组推选代表并准备汇报内容。这样既能保证汇报的质量，也能维护活动的整体节奏与秩序。对于提前完成任务的小组，可设计拓展任务或挑战，以避免其无所事事，进一步激发学习动力。

4. 深入思考小组学习模式对评价策略的影响，力求构建一个公平、全面的评价体系。通过设计多样化的评价标准与奖励机制，确保每一组的努力与贡献都能得到应有的认可与激励。

5. 在整个活动过程中，教师应保持高度的监督与指导，随时准备为学生提供必要的信息支持与方向引导。通过积极的干预与反馈，帮助学生克服学习障碍，推动小组学习向更高层次发展。

四、社会资源

引入各领域专家（涵盖警察、资深律师、资深法官、资深检察官、人大代表、政协委员及法学界的知名教授等）参与课程设计与教学，能够深刻强化并显著拓宽学生对于课程核心概念理解的维度与深度。这一举措充分利用了宝贵的社会资源，其贡献体现在多个层面：

1. 专家们的亲身经历与实战分享，为课堂注入了鲜活的生命力与深刻的洞察力，使原本可能抽象的概念变得生动具体、引人入胜，极大地提升了学生的学习兴趣与参与度。

2. 专家不仅是知识的传授者，更是活动的引导者与协助者。在诸如角色扮演、模拟法庭辩论、模拟听证会等互动性强的教学活动中，专家的指导确保了活动的专业性与规范性，促进了学生实践能力的有效提升，同时加深了他们对法律程序及职业角色的理解与认同。

3. 通过精心安排的实地参观活动，让学生走进公安机关、检察院、法院及司法行政机构等一线场所，亲身体验法律职业的运作环境与工作流程。这样的亲身体验不仅丰富了学生的学习经历，还为他们搭建了从理论到实践的桥梁，促进了知识的内化与吸收，为未来职业生涯奠定了坚实的基础。

由于教学对象是小学、初中、高中三个学段的学生，因此第三章至第六章的内容分别针对三个学段的法治课教师展开。为了方便法治课教师的教学，直接采取了类似教学设计的方式呈现法治教育的部分核心概念的教学知识，并从法治教师的视角进行叙述。

第三章　权力课程的一体化教学

第一节　小学段：初识权力

第一单元　权力和权威

课程目标：了解权力和权威是一对紧密联系的概念；了解“权力”和“权威”的含义及区别；了解“权威”来源及重要性；学会辨识“有权威的权力”与“没有权威的权力”有何不同；学会分析缺乏权威导致的问题；学会运用权威来解决问题。

关键词：权力；权威；风俗习惯；道德标准

一、权力和权威

（一）何谓权力？

权力是一种控制或影响他人的能力。有时候人们是自行决定要去做某件事，没有人告诉你要这么做；有时候则是因为听从了他人的吩咐而去做某件事。假如 A 让 B 做了某件事，A 就是在使用权力。

【深入探究/练习】

辨识权力：请分辨以下哪些人在使用权力。

活动要求：阅读以下六种情形，然后进行分组讨论，判断哪些人是自主行事，哪些人是受到了外在的权力影响，并将结论填写在“谁在使用权力”的表格当中。

1. 小明决定放学之后去游泳。

2. 小米的妈妈要他在吃完饭后，过一个小时再去游泳。

3. 小雅无法看综艺节目，因为她的弟弟一直在用遥控器换台。

4. 小林在街上给弹吉他的人 30 元钱。

5. 小杰把钱包交给了一个外套里面好像藏着枪的男人。

6. 为了省电，滨河区人大规定陈大叔水果店以及滨河区所有店家 8 点前停止营业。

谁在使用权力？

人物	自主行事	行动受到他人权力的影响
小明		
小米		
小雅		
小林		
小杰		
陈大叔		

【请思考】

1. 谁的行动是完全由自己决定的？

2. 谁的行动是受到别人权力的影响的？

3. 小米和小雅这两种情形之下，使用权力的方式有什么不同？

4. 小杰和陈大叔这两种情形之下，使用权力的方式有什么不同？

（二）何谓权威？

权威是一种具有正当行使权利的权力。当有人指挥别人做事，而别人也按照指示去做了，就说明这个人使用了权力。当某个人有权利在某些情况下告诉别人应该做什么，就表示他拥有权威。

例如：父母有权吩咐自己的孩子做某些事情；老师有权布置家庭作业让学生回家做；市人民代表大会有权制定该地区的法律。

如果有人命令别人做事，但其实他并没有这样的权利，这个人是在没有权威的情况下使用权力。

例如：（1）一个高年级的大孩子胁迫其他小孩子离开游乐场。他虽然使用了权力，却没有权利这样做。（2）强盗持刀抢劫。他们是在使用权力，但没有权利这么做。

【深入探究/练习】

辨识权威：请分辨以下哪些人拥有权威。

活动要求：下面的故事是描述我们日常生活中常见的“权威”和“没有权威却使用权力”的情况。阅读并尝试判断故事中的哪些人是在“使用权力”，哪些人在“运用权威”，哪些人是“在没有权威的情况下使用权力”。学生分组讨论，并完成【请思考】下的问题。

帮忙还是伤害?

妈妈是家里的卫生管理员，家里每周都会进行一次大扫除。周末上午，妈妈说：“孩子们，我们开始大扫除吧。宁宁是哥哥，负责客厅地面的清扫，伊伊是妹妹，负责倒垃圾，其他打扫工作我来负责。”

打扫完毕之后，宁宁对妹妹伊伊说：“我的家庭作业太多了，你帮我抄写英语单词吧，如果你不帮我抄写英语单词，明天我就不跟你一起去上学了。不许跟妈妈说，如果你跟妈妈说，以后我也不跟你一起上学了。”

妹妹伊伊回答：“讨厌！你明明知道我不喜欢一个人去上学。好吧，我帮你。”

第二天在学校上课时，老师说：“宁宁，小凯，你俩上来做一下这道题。”

当宁宁和小凯在做黑板上的题目时，小凯小声地说：“让我抄你的答案，如果你不答应，放学后走着瞧!”小凯人高马大，宁宁很害怕，所以就让小凯抄了他的答案。

【请思考】

1. 故事中哪些情况是“使用权力”？为什么？

2. 故事中哪些情况是“运用权威”？为什么？

3. 故事中哪些情况是“没有权威而在使用权力”？为什么？

4. “有权威的权力”与“没有权威的权力”是不一样的，请解释一下为什么区分二者很重要。

二、权威的来源

权威是一种力量，这种力量是有合法权利可以行使的力量，可以说，权威是具有正当行使权利的权力。

什么地方可以发现权威的例子？研究身边的人所担任的职位或角色，例如：警察、老师、法官，也可以观察团体或机构，例如：政府、人大、政协、教育委员会等。

个人或机关团体如何才能获得权威？有的人为什么会拥有指挥别人做事的权力？警察或法官的权威来源于何处？

（一）文化传统

有些权威来自文化传统。文化传统是某个特定团体或社会做事情的方式。因为这些做事情的方式，已经被运用了很长时间，所以在这个社会之中的每个人都接受这样的方式。

例如：父母要求儿女分担家务，他们这项权威就是来自文化传统。长久以来，大家都赞同父母有权利给孩子分配适当的家务。

（二）规则与法律

有些权威来自规则与法律。有权威制定法规的人会制定规则和法律，这些规则和法律规定了大家能做和不能做的事情。

例如：（1）法律和文化传统赋予父母或监护人权威。法律给父母或监护人权利来决定许多关于子女的事，包括选择居住地。（2）法律给了老师权利，可以告诉学生什么该做什么不该做，就像法律赋予老师权威，让他（她）来维持一个安全又有秩序的教学环境。（3）学校校长给了门卫一项权利，让他确保学生的自行车有序排放在教学楼前，并且不能超出黄色警戒线。

（三）道德规范

有些权威来自个人的道德观念。所谓的道德观念，是指一个人对于事情“对”或“错”的信念，道德观念会影响或控制一个人在某些情况中的行为表现。通常一个人的所作所为，如果违背了自己的道德观念，就会产生罪恶感。

例如：(1) 有些人总是带着尊敬的态度对待人，因为他们认为这样做是对的。(2) 有些人不会去嘲笑他人，因为他们认为那样做会伤害到别人。

(四) 同意

有些权威来自他人的同意。有时候人们会选择某个人或某些人拥有权威，大家赞成或同意赋予某个人权利，让这个人能在特殊情境下告诉大家该怎么做。

例如：一群孩子在同伴当中，选出其中一人在游戏时担任队长。大家同意让队长在游戏时，可以指挥大家，也就是同意让队长拥有权威。但是当游戏结束时，队长就不再有权威了。

在我们的社区里、城市里或是政府部门中，拥有权威的人，同样也是经由人民的同意而得到他们的权威。例如：居委会（村委会）委员、区（县）的人大代表、政府行政首长等，都是获得人民的同意，经由选举产生，当他们任期结束不再担任相应的职务时，也就失去之前因为职位而获得的权威了。

人们为了保护自己的安全，或是维护秩序与公正，有时会同意别人在特定情境下拥有权威。当情境改变后，那些人就不再拥有指挥他人做事的权利。如果某人滥用自己的权威，大家也有权利收回他们的“同意”。

例如：路中间的红绿灯突然坏掉了，可能会有热心人士站到马路中间指挥交通，这时所有经过这个路段的驾驶员都会遵照那个热心人士的指挥，但是红绿灯修好后，大家就不会继续听从他的指挥了。

例如：姐姐总是很照顾你，你可能同意听她的话，即使你与她的意见并不相同。但是，如果姐姐总是欺负你或威胁你，你可能会去跟爸爸妈妈抱怨，而不会听她说什么你就做什么。

因此，人民同意遵守规则和法律，是因为这些规则或法律是由代表人民意愿的代表制定的，具有“同意”的基础。

【深入探究/练习】

辨识权威的来源。

阅读故事，学生分组讨论，并回答【请思考】中的问题。

拓荒者的故事

在19世纪早期，很多美国人都在美国的东海岸生活。随着时光流逝，有的人决定向西迁徙，去追寻更好的生活。这些往西迁徙的拓荒者乘坐篷车，踏上漫长而又艰辛的旅程。在旅途中，为了更好地互帮互助，他们组成了篷车队。

1845年，强森与罗素两家也要向西迁徙，在路途中遇上了另外三个家庭，他们共同组成篷车队，一起向加州进发。

每个篷车队都会制定自己的规则，而队伍中每个成员都必须遵守这些规则。他们选出一人担任领袖，即篷车队的队长，负责执行规则。每个篷车队都会有一名队长。强森因为曾经去过加州，知道路线，被选为这个篷车队的队长。强森知道担任篷车队队长责任重大，队长在需要时可以请人当他的助理，在团队中协助他执行规则，并维持秩序和安全。因此，经过仔细考虑，强森选择了艾米当他的助理。艾米擅长骑马，也很擅长跟人沟通。

强森计划带领篷车队穿越美国原住民夏安族所居住的大平原。在18世纪之前，夏安族就已经在那里居住。他们之前以耕作、狩猎、采集植物及制作陶器为生，但是大约19世纪开始，他们放弃了农耕，改以猎捕野牛为生，在过去数年中，夏安族见到了许许多多迁徙者穿过他们的狩猎区和圣地。

由于迁徙的人越来越多，给夏安族带来了许多问题。首先是狩猎的人增多，导致野牛群数量减少。其次是有些拓荒者并不尊重原住民在这块土地上的权利，有些拓荒者家庭只要看中一处好地块就自行决定在土地上建造房屋定居。

夏安族一向以部落会议的方式管理部落的各项事务。部落会议可以制定规则，可以为部落重大事项做决策。部落会议决定去跟拓荒者的领袖好好谈谈，向他们说明问题并想办法解决。根据传统，这个谈判的角色必须由部落会议的一位长老来担任。

后来，部落会议选出了红鹰负责跟拓荒者领袖谈判。因为红鹰不但会说英语，而且在夏安族与其他部落开会时，曾经担任过夏安族的发言人。

红鹰认为，在与拓荒者谈判时，应该有更多的人代表夏安族说话，所以他选了旭日当他的助手，因为旭日是一个很机敏的年轻人。部落会议同意旭日协助红鹰，旭日得提醒红鹰遵守部落的精神信条，他的加入对谈判有很大的帮助。

【请思考】

1. 这个故事中，谁拥有权威？

2. 这些人或团体如何获得他们的权威？

3. 为什么大家会同意给予其他人权威？

4. 列出一些你所知道担任权威职位的人，并说明这些人的权威是如何产生的。

5. 为什么了解一个人或一个团体的权威来源很重要？

三、我们为什么需要权威？

为什么会有规则和法律的存在？为什么我们要赋予他人权威？如果没有权威，班级、学校和社区可能会变成什么样子？可能会出现哪些问题？如何运用权威来解决问题？这些都是值得探讨的问题。

（一）没有权威的后果

【深入探究/练习】

阅读“小布头的故事（一）”，并思考：如果日常生活中完全没有权威，可能会产生什么后果？

小布头的故事（一）

小布头不管到什么地方，都会有人指挥他做事！在上学的路上，红袖章阿姨要他等红灯，绿灯亮了才能过马路，等了好久，害得他进教室时都迟到了。因为迟到，班主任老师让他放学之后留下来谈话。挨了一通训斥之后，小布头拿起书包急急忙忙回家，因为在走廊上奔跑，被校长看到，又挨了一顿训斥。

晚上回到家，因为一个玩具跟弟弟吵了一架，妈妈又严厉地批评他不懂谦让。妈妈批评完之后还让他提早上床睡觉。

躺在床上，小布头终于感觉自己安全了，但他觉得很累，为什么这个世界那么多规矩呢？让人觉得真是不舒服！要是生活在一个没有任何规则和约束的地方该多好！这样想着，小布头慢慢进入了梦乡。在梦中，小布头到了一个自由王国，没有规则、没有法律，也没有人会告诉其他人该做什么事。自由王国没有学校，也没有规则，补给站有很多东西，拿走多少都行，完全没有限制，所以小布头把所有的漫画书都拿走了。

正当小布头想要去拿冰激凌的时候，又来了一个男孩，个头比小布头要高大，男孩拿走了所有的冰激凌，所以小布头一口冰激凌都没吃到。

小布头开始四处闲逛，他发现自由王国到处都是堆积如山的垃圾。每当有人意见不合的时候，他们就大打出手。还有一些人，没有经过审判，直接被关进监狱。连过马路都是件危险的事情，因为每辆汽车都超速。小布头惊险万分地穿越车阵，好不容易回到了家里，但他却发现所有的漫画都被偷走了……

【请思考】

1. 小布头在自由王国遭遇了什么事情？

2. 故事中有谁在“运用权威”？是否有人“在没有权威的情况下使用权力”？

3. 自由王国的人应该遵守什么样的规则或法律？

4. 因为没有权威，自由王国产生了哪些问题？

5. 你认为权威是否有助于解决自由王国出现的问题？

（二）权威之于社会的重要性

在了解权威之于社会的重要性之前，学生需要简单了解社会的概念。社会指的是由共同生活和共同行动的人组成的群体（或共同体）。从小布头的故事中可以看到，如果没有某种程度的权威，与其他人共同生活可能会变成一件很困难的事情。在权威的帮助下，人们才能做到下列事情。

1. 确保秩序和安全。规则让社会生活变得更有秩序，人们的生活更有保障、更安全。家里应该有一定的规矩，厨房里的每样东西都应该放在适当的位置，在上床睡觉之前，应该检查门窗是否关好；航空管理局的管制人员可以通过空中航线的管制，让乘坐飞机的乘客得以安全。

2. 保护人们的财产。法律能保护人们的财产，避免被他人窃取或蓄意损毁。例如，法律如果没有盗窃罪的相关规定，那么任何人都可以进入别人的家里，拿走不属于自己的东西。

3. 和平、公正地解决纠纷和争议。法律、规则以及执行法律规则的人，能帮助人们和平地、公正地解决纠纷和争议。例如：一场球赛，会有裁判在比赛中判定比赛的胜负，并解决发生在球队之间的争执；法院的法官通过庭审处理人们因为财产或其他事务所产生的争端。

4. 确保众人需要或想要的东西都能公平地分享，必须做的事情都能公平地分配，也就是说，规则能确保人们以公平的方式分享利益、分担责任。例如：没有规则，可能有的人总要做最困难的工作，有的人却可以得到轻松的工作，甚至是完全不用工作；有了法律的权威，法律可以确保所有适龄儿童都有机会接受义务教育。

5. 保障最重要的自由。宪法对于每个公民的基本权利都规定了相应的保障措施，诸如平等权、人身权、财产权以及获得公正审判权等。例如：宪法规定了每个人都享有人身自由、言论自由等权利，如果有人控告你拿了属于他人的东西，法律能让你得到公平的审判，而且法官会聆听你的陈述和申辩。

【深入探究/练习】

多媒体教室的烦恼

某小学因为资金有限，没有电脑，没有多媒体教室。电脑可以帮助学生学习，对于学校来说，建立一个多媒体教室非常重要。终于，有一家企业赠送了三十台全新的电脑给学校，校长非常高兴，立马腾出了一间教室，组装电脑及其他设备，多媒体教室建立起来了。

老师把学生们分成几个小组，让他们轮流到多媒体教室使用电脑辅助学习。多媒体教室里除了有电脑，还有很多学习光盘，学生们想使用哪些电脑光盘，直接从书架上拿下来就行了。使用完之后，大家本应该把光盘放回原处，但是有些学生并没有这样做——他们不仅没有将光盘放回原处，还随意丢弃，甚至有学生将光盘带回了家。

一段时间之后，多媒体教室变成了这幅景象：很多电脑光盘不见了，有的找了很久才从桌子底下、门后找出来；有些学生使用电脑时间很长，一坐就是一下午，其他同学等到放学了都还不能使用，所以多媒体教室里经常因此发生争吵；有的学生在多媒体教室大声喧哗，有的则不允许其他同学说话，只因为这些人的想法跟自己不一样。慢慢地，吵架变成了打架，甚至有人受伤。多媒体教室每天都很脏乱，因为没有人在离开之前稍作整理，大家都没有保护设备设施的意识，好几张椅子都被损坏了。

于是校长决定关闭多媒体教室，直到找到解决问题的方法再开放。

【请思考】

1. 多媒体教室出了什么问题？

2. 你能想出哪些办法解决这些问题？

请根据对上述问题的思考填写下列表格。

运用权威解决问题		
问题类型	例子	解决办法
1. 缺乏秩序和安全		
2. 缺乏对财产的保护		
3. 没有办法和平、公正地解决争端		
4. 大家需要或想要的东西，或必须要做的事情分配不公平		
5. 缺乏对重要自由的保障		

【拓展练习】

1. 想一想，故事中发生的问题跟上述表格中的“问题类型”有没有关系？你认为应该如何运用权威来解决问题？

2. 让学生采访身边的人（同学、家长、老师均可），看看他们是否经历过因为没有规则、法律或权威人士的帮助而遭遇挫折的情况。了解被采访对象是怎么解决问题的，并向班级汇报访谈结果。

3. 让学生通过报纸杂志或网络资源，查找关于运用规则或法律解决社会问题的事例，将查找到的资料在班级内分享。

4. 让学生用自己的经验写一则小故事，描述是否曾经希望拥有权威的人能助自己一臂之力，并在班级分享自己的故事。

第二单元 评估权威职位的人选、评估规则和法律

课程目标： 了解如何为某项权威职位选择适合的人；掌握“思考工具”并能够描述某项权威职位的职权、责任、特权和限制；能够说明担任某权威职位的人应该具备哪些资格。

关键词： 责任；职权；思考工具；特权；限制；资格

在选择谁来担任权威职位的时候，必须小心谨慎，因为他可能会对人们的生活产生很大的影响。懂得好好运用权威的人可以使大家的学习生活更加轻松惬意，而滥用权威的人则可能为大家带来更多的麻烦。

本单元将指导学生学习如何选出合适的人来负责一个工作岗位，也会让学生了解在选班长或其他权威职位的人时，应该考虑哪些因素。

另外，要让学生了解，制定一项好的规则（或法律）并不容易，不是所有的规则（或法律）都是好的，有的规则（或法律）有可能存在缺陷。本单元将带领学生学习如何分辨规则（或法律）的好坏，以及如何制定出好的规则（或法律），如何改善规则（或法律）。

一、评估权威职位的人选

学生既要学习如何为某项权威职位选择适合的人，也要学习如何利用“思考工具”来引导自己思考解决难题，还要利用“思考工具”来帮助自己做出谁最适合担任某一项权威职位的决定。

上完这一课，学生要能够描述某项权威职位的职权、职责、特权和限制，还要能够说明担任该权威职位的人所应该具备的资格。

【深入探究/练习】

辨识并探讨故事中的权威职位。

小布头的故事（二）

虽然小布头很享受任意而为的自由，但是在自由王国生活还真有些困

难。于是，小布头对邻居表达了他的想法，大家一致认为他们有责任采取某些行动，让自由王国成为一个更安全且令人愉快的地方。自由王国的居民们决定在危险的路口设置一个“慢行”的标志。让他们惊讶的是，这个标志竟然真的发挥了作用！现在大家过马路时变得比较安全了。

大部分人都很满意设置路口“慢行”标志的结果。因此，小布头决定聚集所有自由王国的居民开会，他希望大家可以在会议中提出意见、集思广益，以改善王国里其他问题。

小布头对大家说：“设置一个‘慢行’标志并不能让所有的问题都有所改善，但是制定一些规则或许派得上用场，说不定制定出一些规则就可以避免发生争端，并确保每一个人都受到公平的对待。”

于是，参加会议的人们开始思考。有人提议应该制定每个人最多拿3根冰激凌的规则，有人提议应该制定不要乱扔垃圾的规则。还有人发言：“如果有人不遵守这些规则怎么办？这意味着我们需要制定更多的规则吗？”

小布头回答：“我们必须选出一些人来确保新规则能发挥作用。”

所以大家开始投票，选出大雄当警察，负责确保人们会守规矩。接着，大家又选出正正来担任法官，在有人不遵守规定的时候，她有权决定应该怎么处理，正正同时也负责协调王国里居民之间的冲突，还选出纠纠来担任监察长，负责监察大雄和正正的处理是否合理恰当。最后，大家又决定成立一个委员会，在需要的时候继续开会制定新的规则，在委员会中，选出明明、珠珠还有苹苹负责日常工作。

大多数人对开会商讨的结果很满意。小布头也满意地从睡梦中醒来。

【请思考】

1. 自由王国的居民选出了哪些人负责下列工作：

（1）执行规则；

（2）处理冲突；

（3）决定该怎么处置违反规定的人；

（4）监督、监察；

（5）制定新规则。

2. 法官、警察和委员会的委员应该担负什么责任？

3. 想要将这些职位的工作做好，这个人选应该具备哪些条件（或资格）？

4. 在你所居住的城市（或区域）中，下列事项是属于哪些人的职责？

（1）执行规则和法律；

（2）处理纠纷；

（3）决定如何处置不守规则的人；

（4）监督、监察；

（5）在需要的时候制定新的规则。

【学习重点】

如何选择担任权威职位的人？

学生可能都有过选举某人担任某个权威职位的经验。在学校里，选班级干部、选活动的队长，或者是投票决定由谁来担任学生会的主席或学生代表，等等。

在每个人的一生之中，会有很多次的机会要选出适当的人来担任权威职位，依据我们政府的组织方式，我们有权利选择由什么样的人来领导我们。因此，知道怎么选出适合的领导者是很重要的事情。

【深入探究/练习】

如何选出合适的班长？

班级选举

三年级 4 班需要选举一个班长。韩寒提议，大家先列出担任班长要承担的责任和拥有的职权，再举行班级选举。

小杰希望，班长能负责主持每周的班会。晓丽提议，班长应该代表班上同学跟任课老师沟通布置作业适量。班主任老师提议，班长应该管理班级纪律，负责把违纪的同学记录下来。林林说，班长应该有优先参加学校课外活动的资格。

对于这些意见，班上所有学生都表示赞同。他们决定，就目前来说，这些责任和职权应该就够了，以后如果有需要可以再增加。

另外，同学们认为要限制班长的权力。他们认为在管理班级纪律的时候，认定哪个同学违反了班级纪律，要登记名字，还需要由班主任老师做最后的确认。他们也希望班长在主持班会、协助管理班级时，能遵守现有的规则。

学生推选出三个人来竞选这个职位，每个人都很努力地想让自己最喜欢的候选人当选。三位候选人也很认真地发表了自我介绍和竞选演讲。最后方兰获得票数最多，当选班长。

方兰成绩很好，但是她在面对众人时会害羞，她上课的纪律也很好，今年只请了一次病假。她从来没担任过班干部，不过她的姐姐是学生会的主席。很多人喜欢方兰，但也有人觉得她有时有点高傲，也有同学担心她不会听取班上其他同学的意见。

【请思考】

1. 班长有哪些职责、职权和特权？

2. 班长必须受到什么限制？

3. 当个好班长，应该具备什么资格？

4. 作为班长候选人，方兰有什么优势？

5. 作为班长候选人，方兰有哪些缺点？

6. 你认为方兰可以当个好班长吗？为什么？

二、评估规则和法律

学生已经知道规则和法律可以保护公私财产，可以让人们相互尊重，和平地生活在一起。然而，并不是每项规则或法律都是好的或都是有用的。下文中学生将学习如何审视规则和法律，分辨规则和法律的好坏及作用，也会学到如何修改这些法规，让其变得更加完善。学完这部分内容之后，学生应该要懂得如何评估规则和法律，且能够制定新的法规。

本部分内容有一个新名词：公职，指的是代表政府执行法律的权威职位，公职必须被选举或受到任命才能担任。

【学习重点】

谁负责制定规则或法律？

有时候，赋予某些人特定的权威有很大的好处。人们运用这种权威的方式之一，就是制定法律或规则，让大家知道在什么样的情况下，应该有什么样的行为。

1. 父母有权利订立家规，这些规矩能让他们的孩子既安全又健康。

2. 学校老师和校长有权利制定规则，这些规则能够让学生获得良好的教育，并且保证他们在校时的安全。

3. 孩子们会订立规则，尤其在他们玩游戏的时候，这些规则能让游戏更有趣，也能使大家和睦相处。

4. 我们所选出的担任公职的人，有权利制定法律，这些法律能保护我们的权利、确保安全与秩序，并改善我们的生活品质。

【运用所学技巧】

1. 哪些人是借由制定规则和法律的方式来“运用权威”的？

2. 这些人可能制定出哪些规则或法律？

3. 这些人制定出这些规则和法律，是基于什么理由？

【学习重点】

学习评估规则与法律的思考工具。

学会运用一组问题，也就是“思考工具”，来协助判断规则或法律的好坏及作用。也可以利用这些工具来评估规则和法律。

以下每个例子都包含了一个问题和一项解决问题的规则或法律。让学生分组研讨，然后回答“评估规则与法律的思考工具”表的问题。

1. 王老师对于每天都有学生上学迟到很不高兴，所以他订了一项规则：“任何人再上学迟到，接下来的一个月内，每天放学后都必须留校两个小时。”

2. 由于城市发生很多问题，市长提议制定一条新法律：“所有人都必须守规矩。”

3. 有些小学一年级的学生老是在上课时间离开座位，打扰到班上其他同学。谭老师是一年级的老师，于是他宣布：“在我没有说可以之前，大家不准随意走动。”

4. 因为操场太小，无法让全校同学同时使用。所以校长就订了一项规定：“男生只能在周一使用学校的操场，而在其他的日子只有女生可以使用操场。”

5. 有些学生在午餐时说话太大声，因此，校长规定：“所有学生在午餐时都不准说话。”

6. 为了促进学生的健康，体育老师规定：“每个学生都必须在下课时间绕着操场跑三圈。”

评估规则与法律的思考工具	
1. 这个人订了什么规定（规定的内容是什么）？	
2. 为什么这个人会认为订这项规定是必须的？	
3. 除了订这项规定，还有没有其他的办法可以解决这个问题？	
4. 订了这项规定之后，可能产生什么结果？	
5. 这项规定有没有什么缺点？	
6. 对于这项规定，你会遵守还是会建议修改或废除？为什么？	

【运用所学技巧】

针对“好的或是有用的规则有哪些特征”这个问题，小组讨论已经完成。各组均回答了“评估规则与法律的思考工具”表上的6项问题。对于要评估的每项规定，各组应该都有了一套答案。现在引导学生将注意力集中在“评估规则与法律的思考工具”表第5个问题的答案上。

1. 让学生一起思考“好规则的特征”表。

2. 在“缺点”一栏，列出问题5的所有答案。

3. 接下来，让学生讨论“好的规则应该……”一栏，先想想每项规定的缺点。

4. 让学生将讨论出来的好的规定应该具备的一项特征，写在“好的规则应该……”栏目中。

好规则的特征		
规则或规定	缺点	好的规则应该……
例1		
例2		
例3		
例4		
例5		
例6		

【深入探究/练习】

运用所学制定好的规则。

阅读“大排长龙领午餐”的故事，并回答【请思考】之下的问题。

将【活用所知】当中的问题布置给学生作为课后作业，让学生尝试运用“评估规则与法律的思考工具”来制定新的规则，学习解决身边的问题。

大排长龙领午餐

某小学的餐厅很小，而且只有两个负责发放午餐的工作人员。因此，每天的午餐时间一到，学生们都必须排很长的队伍才能领到午餐。

在排队等待的时候，学生们常发生相互推挤的情况，有些人甚至还会插队。女生纷纷抱怨男生扯她们的头发、给她们取绰号。男生则说女生总是慢吞吞的，又拖拖拉拉，而且不好好排队，老是走来走去跟人闲聊，有时候都分不清到底谁是排队领午餐的、谁是跑过来跟朋友说话的。

于是，有一群学生建议学校制定出一些规则，解决大排长龙领午餐的问题。

【请思考】

1. 你提议的规定为什么会有助于解决“大排长龙领午餐”的问题？

2. 如何运用“评估规则与法律的思考工具”订立新的规定？

【活用所知】

1. 列出三项校规，并运用在这一课里学到的“思考工具”来评估这些规定。你会遵守这些规定，还是加以修改或废除？请说明理由。

2. 请同学分组演出一场戏，戏的内容是：运用一项新规定来解决问题。在班上演出这场戏，并请大家评估你所订立的规则。

三、制定新的规则和法律

现在学生已经知道如何评估规则或法律，可以进一步运用所学到的新观念了。接下来，要让学生试着用“思考工具”来订立新的法律或规则。

通过学习“思考工具”，学生应该能够描述如何利用“思考工具”来订立法规，也应该能描述如果提议的法律或规则通过，可能会出现什么情况。

本部分内容有两个新名词：人大代表、提案。人大代表指的是由人民选举，代表人们行使权利，如制定法规、审查预算等事项的人。提案指的是提出考虑的方案或法案。

【深入探究/练习】

这项活动要让学生练习制定法规，以解决下列故事中所描述的问题。让学生先阅读“树不够”的小短文，然后分组讨论。

树不够

温泉市的环境很好，四周的山上满是松树，居民们会砍伐这些树来建造房屋，有时也用来生火做饭或是取暖。

渐渐地，居民们发现用不完的木材还可以卖给其他地区的人换取钱财。温泉市因此成立了几家大型的木材厂，大多数的居民在木材厂工作。

于是，蜿蜒的山路上开始出现许多大卡车，这些大卡车负责将山上砍伐下来的原木运往山下。森林里的树木非常多，仿佛取之不尽、用之不竭。

然而，随着大家对木材需求量的增加，越来越多的林地遭到砍伐。几年间，原本郁郁葱葱的山林只剩下树木被砍伐之后留下的木桩，几乎找不到成片的森林了。有些居民们警觉到，当地美丽的森林正在面临生存危机，再继续下去，温泉市很快就看不到任何树木了。

因此，有居民提议，应该制定法律来解决这个问题。于是，关心这件事的人们便找到市人大代表，请他们召开一个会议，讨论应该如何制定合理而公平的法规以保护森林资源。他们会把这个关于保护森林资源的法案提交给市人大，并促使法案通过。

社区会议第一步：分组并了解各组角色和立场

将班上学生分成几个小组，其中一组将扮演人大代表，其他组则分别扮演想要拯救森林的居民、温泉市的家庭、木材厂老板、徒步旅行和露营的人。

首先，请各组学生针对问题进行讨论，并运用“评估规则与法律的思考工具”来拟定要在会议中提出的法律。学生可以用“思考工具”评估每一个新的想法，引导本小组讨论的方向。在拟定法律规定时，可以对照前一课所学的“好规则的特征”，检查所订立的法律，有没有违反这些特征。

第一组：人大代表。

这一组想要订立出对所有温泉市居民都既合理又公平的法规。

第二组：想要拯救森林的居民。

这一组认为森林的存在与否，将会影响整个地球生态环境，想要提议制定温泉市的地方性法规，禁止人们继续砍伐树木。

第三组：温泉市的家庭。

这一组想要尽可能地拯救树木、维护森林，但是，也需要砍伐木材，因为家中的火炉需要燃烧木材，这样才能让屋子保持温暖。

第四组：木材厂老板。

这一组认为必须砍伐森林中的树木。如果法律规定得太严格，生意会做不下去。

第五组：徒步旅行和露营的人。

这一组想要拯救森林。可是他们也知道有些人需要砍伐木材才能生活。

社区会议第二步：各组职责以及事前准备

扮演人大代表的第一组，应该再一次把故事从头到尾仔细阅读一遍，然后准备一些要向其他组提出的问题。这一组还要在黑板上列出，一个好的规定会有哪些特征，并选出一人担任主席。

其他各组都应该准备发表简短的演说，向所有参加会议的人，说明自己所拟定的法律提案。同时还要准备回答人大代表，以及各组所提出的问题。

社区会议第三步：会议的进行程序

主席宣布会议开始。接着，人大代表将各组提出的意见写在黑板上，请各组解释说明他们的提案。

居民应该针对各项提案进行讨论，挑选出最好的意见，然后讨论如何修改完善这项意见，才能包含各组的观点。人大代表应该将大家提出的修订方案写在黑板上，并确保这些修订的方案获得居民的同意。

听过所有的建议之后，人大代表应该再次修改完善提案，然后送交市人大常委会，促使提案通过成为法律法规。

【请思考】

1. 市人大应该采纳居民提出的提案吗？为什么？
2. 居民提出的提案，有哪些优点和缺点？
3. 如果市人大通过了居民的提案，可能会发生什么事？
4. 除了制定新的法规，这个问题有没有其他的解决办法？

第三单元　运用权威的好处和代价

课程目标：了解每次权威的行使，必定会为个人和社会整体带来某些益处并使其付出代价。了解权威所产生的利益和损失是必要的，懂得分辨两者能帮助我们决定是否要运用权威。

关键词：益处；代价

学生已经清楚了解权威的意义，知道可以利用规则和权威职位来改善生活。然而，权威也可能导致问题，也就是说，权威也会给人们造成损失或是让人们付出代价。

本单元要围绕下列问题进行讨论：

第一，运用权威可能会出现什么情况？

第二，哪些情况属于权威运用的益处？

第三，哪些情况属于权威运用的损失或代价？

学习权衡利弊很重要，懂得分辨利弊能帮助人们决定是否要运用权威。一旦学会如何分辨利弊，就能处理以下问题：

第一，在这种情况下，是不是需要运用权威？

第二，我们是不是应该继续依照目前的方式运用权威？

第三，什么时候我们应该改变运用权威的方式？

一、运用权威的结果

只要运用权威，就会产生一些结果。有些结果是有益的，有些结果则需要付出代价。接下来，学生将学习如何分辨运用权威的结果，并判断这些结果是有益的还是需要付出代价的。通过这部分内容的学习，学生能够说明权威通常会带来哪些益处和代价；为什么必须了解运用权威的结果；如何运用所学的观念，来决定在某种情况下是否要运用权威。

本部分内容有两个新名词：益处、代价。益处：指有利益的事情或是好处，可以满足某种需要或欲望。代价：为得到某个东西或达成某个目的，而必须付出的努力、牺牲。

人们在对“运用权威”越来越有经验以后，就会知道某些事情，可能会因为运用权威而发生。随之发生的事情，就是运用权威的结果。例如：老师规定学生必须清理自己的垃圾，结果之一就是教室变得比较整洁；另一结果就是学生们必须花时间把垃圾捡起来，丢到垃圾桶。

有时候运用权威的结果会带来益处，或者说是好处；有时则要付出代价，也就是坏处。例如：校长要求学生在学校餐厅里排成一排、安静等待领取午餐。一方面，餐厅里的情况因而变得更安全、更有秩序，这就是益处。另一方面，学生失去了在排队时轻松聊天的自由，这就是代价。

一个人决定要在某种情况下运用权威时，必须先了解他的行动可能会带来什么结果，也必须知道哪些结果能带来益处，又有哪些需付出代价。这样，人们就能决定自己是不是要在那种情况下运用权威，而且需要仔细检查，才能确保运用权威的结果是利大于弊。

【深入探究/练习】

分辨运用权威的结果并加以分类。

还记得小布头吗？上次小布头在睡梦中到了自由王国，他和其他人正在运用权威。他们忙着制定规则，选出适当的人担任权威职位。还记得他们制定了什么规则、设立了哪些权威职位吗？

阅读“小布头的故事（三）”，然后让学生分组讨论并回答【请思考】中的问题。

小布头的故事（三）

自由王国的居民制定了规则，并选出适当的人担任权威职位后，情况开始变好。

新的规定让每个人都能公平地享受到漫画、游戏机和冰激凌等，也保障了自由王国街道上行人的安全，因为路上交通更有秩序了。此外，新规定也使整个环境更加干净，因为大家都要遵守“不乱丢垃圾”的规定。

大雄尽心尽力地执行禁止性的规定。如果有人打架，他会说：“你们两个给我分开，不然你们就跟我去见法官。”因为警长和副警长的认真工作，大家不需要那么担心自己的人身安全或财产安全了，晚上睡觉也安心多了。

法官正正努力做到公平地解决争端，他会说：“现在让我们来看看，根据法律大全第××条，我判决你们两个人，赔偿对方损失×××元。”

有些人不喜欢遵守规定，他们认为规则和担任权威职位的人剥夺了他们的自由，权威让人们不能想做什么就做什么。

有时候拥有权威的人也会让自由王国的居民感到困惑，他们会给居民错误的指示，或完全不告诉他们应该怎么做。有些担任权威职位的人做了不属于他们权力范围内的事，比如负责拘捕的人指派自己的朋友当助手，但是他的朋友其实并不适合这项工作；又比如市长太忙了，没时间接待想跟他说话的人。

有些自由王国的居民则是什么事都不做，他们说：“让那些有权威的人去做吧，所有的事都应该让他们来做，就是为了这个目的我们才会选出他们的。”他们认为监督拥有权威的人做事实在是很麻烦，有必要修订不喜欢的规定，但是又觉得做这些事很辛苦。

【请思考】

1. 自由王国制定了规则，有人担任了权威职位，产生了什么后果？
2. 这些后果中有哪些是益处？
3. 这些后果中有哪些是代价？
4. 请列举你所在的学校制定的一系列规则。
5. 学校制定这些规则产生了什么样的后果？

6. 这些后果中哪些属于益处？哪些属于代价？

7. 为什么我们需要了解这些运用权威的后果？

二、运用权威常见的益处和代价

现在学生应该知道了，人们只要运用权威就会产生后果，也知道了可以将这些后果归类为益处或代价。

（一）常见的益处

安全：权威可以用来维护秩序，并保护个人生命、身体和财产的安全。例如，交通法规能预防意外发生，因为交通法规让车辆在路上行驶井然有序。

自由和其他权利：权威有助于保护我们的权利。例如，法律保障儿童受教育的权利。

公平：权威能帮助我们公平分配想要和需要的东西，也能确保我们平等对待每一个人。例如，家里的规定让大家一同分担家务，维持房子的整洁。

解决纷争：权威有助于以公平的方式解决纷争。例如，兄弟姐妹为了要看哪个电视节目而争吵，父母能够帮忙解决冲突。

生活品质：权威能够改善人们的生活方式。例如，食品安全方面的法规，能保护人们的身体健康。

（二）常见的代价

对自由产生限制：运用权威的同时也会限制某个人或某些人的自由。例如，规定每个人在发表公开演说之前，必须得到许可，这等于限制了言论自由。

用心关注：我们必须确定自己选出了适当的人来运用权威，同时也要确定他们在认真工作。例如，在投票之前，我们应该去听候选人的介绍或是跟候选人见面，提问，了解他们的情况和想法。在他们当选之后，还必须监督他们的行为。

缺乏弹性：有些法律、规则和权威职位被创设出来之后，会一直稳定存续，多年不变。当拥有权威的人习惯了某种做事情的方式后，就不愿意改变。例如，缺水时期禁止洗车的规定，即使水不再短缺，可能还会执行。

放弃责任：在某人获得权威以后，其他的人有可能不愿意再尽自己的责任。例如，有时人们不愿意自己尝试解决问题，如乱丢垃圾的问题，他们认为选出某些官员之后，这个问题就需要官员来解决。

为权威付费：设立权威职位后，人们必须支付工资给处在这些职位上的人，通常是用人们缴纳的税款来支付。例如，我们给警察支付工资，请他们维持社会秩序。

【深入探究/练习】

辨识以下情况中权威所带来的益处和付出的代价。

让学生阅读下面的故事，分析设立学生会代表的结果，并回答【请思考】下面的问题。

学生会代表——贝贝

今年，班里的同学选出了贝贝担任他们学生会的代表。每个人都喜欢贝贝，她不但对人友善，而且做事勤奋。此外，贝贝还参加了学校中的好几个社团。同学对贝贝有很高的期望，而她也没有让大家失望。

贝贝在进入学生会之后，说服学校通过了一项校规，增设卫生监督员，监督学生清理自己在操场上留下的垃圾。她还说服校长招聘新的安保人员负责学生在学校操场上的安全。接着她又发挥影响力，让学生会投票通过一项提案，为图书馆添购了很多新书和电脑。

不久之后，一些学生对参与改善学校的工作，逐渐失去了兴趣。他们觉得既然贝贝把工作做得这么好，其他人就不用再过多操心了。

后来，有学生抱怨新的安保人员太过严格，他会在上课铃响之前五分钟就将学生赶回教室，还会禁止学生进入校园的某些区域。

为了举办新年联欢会，贝贝说服学生会向每个想参加的人收取入场费。而且自从贝贝成为学生会的代表，她的朋友几乎就没机会跟她说话了。因为她要么在忙着写作业，要么就是忙着参加学生会的会议。

【请思考】

1. 让贝贝成为能运用权威的学生会的成员，产生了哪些结果？
2. 这些结果中哪些属于益处？
3. 这些结果中哪些属于代价？

4. 如何运用权威的结果、益处、代价这些信息，帮助你评估和做出决定？

【课后练习】

1. 列出一些在家庭、社区和政府机关的权威职位。说说设立这些职位后，各有什么益处和代价。

2. 查找一本关于某个拥有权威的人的书，阅读后写一篇简短的心得体会，根据作者在书中的描述，列出主角拥有权威后得到哪些益处，以及付出哪些代价。

第四单元　权威的范围与限制

课程目标：了解如何对权威职位进行限制；了解评估权威职位的“思考工具”，能够对一个权威职位提出修改建议；能够说明评估权威职位的重要性。

关键词：限制；范围

谈到职权、责任、特权和限制时，我们会使用“范围”和“限制”这两个名词。“范围”指的是权威适用的领域，而“限制”指的是设立界限，确保权威不会被滥用。

即使一个国家的最高领导人，也有职位的权威范围和权威限制。

民主国家要确保政府官员有足够的权力完成他们的职责，也要小心避免权力遭到滥用。因此，宪法会对各种权力加以限制。

可以带领学生阅读《中华人民共和国宪法》，了解一下《中华人民共和国宪法》中权威职位的权力范围和限制。

在这个单元，学生会学到如何审视、评估权威职位，判断这些职位的设计是否恰当，还会学到如何设计权威职位。

一、评估权威职位的重要性

拥有权威的人会给我们的生活带来很大的影响。有些权威职位具有很大的权力，有些权威职位却没有足够的权力。某项权威职位究竟要具备多大的权力？这项权威职位的职权范围有多大？要受到什么样的限制？这就涉及对权威职位的评估。

评估权威职位，既是为了确定担任这些职位的人有足够的权力将工作做好、提供大家所需要的服务，也是为了确保担任这些职位的人不会因为权力过大而滥用，更是确保拥有权威的人能公平对待每一个人。因此，必须限制这些人的权力。

如果不思考究竟赋予权威职位多大的权力，人们的基本自由很可能会受到威胁。

【深入探究/练习】

辨识权威职位的问题。

小布头的故事（四）

自由王国有些居民不赞成制定规则，也对担任权威职位的人有意见。虽然小布头觉得王国的设计十分完美，他还是决定听听看这些人有什么意见。

有些人抱怨说，法官正正从来就没有听清过人们在吵些什么，每个人都要等上好几个小时，才能等到正正来帮他们排解纷争。而且他总是忙着检查商店里游戏机和冰激凌是不是价格太高。在自由王国设立学校之后，正正还要确保学生们每天都正常上学，他甚至还负责监督垃圾清洁工是不是在好好工作。

当违反规定的人被送到正正法官的法庭，他只能告诉他们违反了哪一项规定，而且也只有违法的人出现在他面前的时候，正正才能够向这些人说明他们是哪里做错了。正正并不能强迫任何人到他的法庭去。正正法官没有办法惩罚做错事的人，也无法强迫任何人赔偿对他人财产所造成的损害。

人们对警长大雄也有很多不满。大雄警长会把没有违规的驾驶员拦下来，或是在没有正当理由的情况下，要求搜查居民的房子。如果他认为某个人违反了规定，就马上把这个人送进监狱。有些人被他关在监狱里，得不到任何食物或饮用水。有一天，大雄警长自己还订了一个新规定："每个人都必须早上 6 点起床。"第二天一大早，他就开车四处巡逻，检查大家是不是按时起床了。

小布头心想：天啊，现在自由王国出现了一堆新问题。他想要从梦中苏醒，但是最后还是决定再多待一会儿，他想知道居民们能不能解决这些新问题。小布头再次跟邻居沟通，大家决定再召开一次居民大会。

【请思考】

1. 故事中提到了哪些权威职位？设立各个职位的初衷是什么？每个职位是不是必须的？为什么？

2. 正正法官的权威职位有什么缺点？你会提出什么建议，来改善这个职位？

3. 大雄警长的权威职位有什么缺点？你会提出什么建议，来改善这个职位？

4. 为什么评估权威职位是很重要的？试着去评估这个故事中的职位。

二、运用思考工具评估权威职位

评估权威职位的思考工具	
第一部分——辨识或设立权威职位	
1. 要评估的是什么职位？	
2. 为什么要设立这个职位？这个职位是必须的吗？	
3. 这个职位有哪些职责、权力和特权？	
4. 这个职位在使用权力方面有什么限制？	
第二部分——分析权威职位会带来的影响	
5. 设立这个职位，可能会引发哪些事情？	
6. 设立这个职位，有哪些优点和缺点？ ●这个职位是不是具备足够的权力？ ●这个职位的权力有没有适当的限制？ ●处在这个职位的人会不会负担太多责任？ ●是否有足够的资源可以利用？ ●有没有办法监督在位的人的工作表现？ ●有没有办法避免或禁止权威被滥用？ ●人们是否能够和在位的人沟通他们的期望和需求？ ●有没有办法确保在位的人处事公平，而且尊重每个人的权利？	
第三部分——做决定	
7. 你会提出什么建议来改善这个职位？这些改变有哪些利益和代价？	
8. 你觉得我们是应该维持职位的现状，还是加以改变或废除？为什么？	

【深入探究/练习】

评估故事中的权威职位

学生阅读“操场管理员”的故事，然后分组填写上述思考工具表，通过发现问题来评估故事里的职位。

操场管理员

有一天，海景小学的校长请六年级的小艾在下课时间担任操场管理员。小艾的职责包括发放体育活动用品（跳绳、篮球、足球等），并确保每个学生都有机会使用操场的设备。小艾还必须制止学生在操场上乱丢垃圾或打架，并让学生离学校操场的围墙远一点。

小艾问：“如果有人做错事，我应该怎么处理？”校长回答：“你应该制止那个人。”

刚过了早上的休息时间，小艾就计划着辞职了，他觉得自己一个人没办法完成这份工作。因为小艾在分发篮球的时候，有人开始在操场上打架，而当他正努力劝阻某些学生远离校园围墙时，又有人乱丢矿泉水瓶子。当小艾很客气地请同学们离开围墙边或不要乱扔垃圾时，这些人完全不理会。当他要求大家轮流使用操场上的设施时，学生们把他的话当作耳边风。

篮球和足球都发完了，但没有分到的学生会埋怨小艾，甚至发脾气。小艾真的不知道自己应该怎么做才好，学校没有足够的设备并不是他的错！他的心情变得很差，还对低年级的学生大吼大叫，叫他们回到自己的教室去。

校长一走出办公室，就有许多学生跑去告状，说：“小艾影响了我们休息。”

【请思考】

1. 为什么评估权威职位（如操场管理员）十分重要？

2. 这组“思考工具”可以如何帮助你去评估或规划学校/班级的权威职位？

【课后练习】

1. 请同学们合作改写“操场管理员”的故事，在改写的故事中，请说明你会怎样来改进这项权威职位，与班上同学分享你的故事。

2. 请全班同学分成几个小组，合作找出宪法上国家主席拥有什么样的职权和权力。国家主席这个权威职位，有没有什么限制？如果有，是哪些限制？

第二节 初中段：辨识“权威”与“没有权威的权力”

第一单元 权力和权威

课程目标： 回顾权力与权威的知识，强化对“有权威的权力”与“没有权威的权力”二者的认识；学会权威的功能；学会分析缺乏权威导致的问题；学会运用权威来解决问题。

关键词： 权力；权威；风俗习惯；道德标准

一、辨识“权力”与“权威”的差异

【深入探究/练习】

地铁抢劫案

一天晚上，两名社会人员进入末班地铁，其中一人从怀中掏出匕首，对准一对老年夫妇，要求他们把钱包、首饰交出来。同车厢刚好有一位还在执行公务的警察，见状，悄悄接近两名社会人员，然后大喊：“别动！把刀放下！把手举起来！”他很快地逮捕了两人，并给他们戴上了手铐。

【请思考】

1. 故事中，社会人员和警察有哪些相似的举动？

2. 他们的举动又有哪些不同？

3. 哪一方在运用权力？哪一方有权利行使权力？哪一方没有？请说明理由。

二、辨识“运用权威”与“没有权威而使用权力”的情况

【深入探究/练习】

这个活动能让我们回顾“运用权威”与“在没有权威的情况下使用权力”的差异。阅读下面9个虚拟情境，然后回答问题，并解释你的答案。

1. 合议庭法官判决王某抢劫罪成立，判决王某入狱服刑。

2. 裁判要求打架的两个球员退场。

3. 春华有记忆以来，村里祠堂的祭祖活动都是由村主任主持的。

4. 大明的父母出门了，他们不在的时候，家里大小事务均交由大明决定，于是，大明告诉两个弟弟，不许碰他的电脑。

5. 大雄是一米八的大高个，身材魁梧，他在买电影票时插队。

6. 校长从学生的手上夺下匕首，然后把学生送交警方处理。

7. 有一群学生想要在市区中心公园举行集会游行示威活动，作为主管机关的市公安局拒绝了他们的申请。

8. 有学生不满校园内出现多起持械的暴力事件，于是齐聚校长办公室进行抗议，要求校长在校内安装金属感应器，雇用保安对学生进行搜身，以维护校园秩序。他们表示除非校长答应他们的要求，否则他们就不离开。

9. 爸爸对儿子小明说，因为小明昨晚上超过了12点才回家，没有遵守门禁时间，所以要被禁足一个礼拜。

【请思考】

1. 在上面这些虚拟情境中，哪些是“运用权威”的事例？为什么？

2. 在上面这些虚拟情境中，哪些是“在没有权威的情况下使用权力”的事例？请说明理由。

3. 为什么我们应该明白权力和权威之间的差异？

三、运用权威的必要性

1. 权威可以为众人的生活带来秩序和安全。例如：空中交通的管制人员可预防意外发生，确保乘客安全。

2. 权威可用于保护重要的权利和自由。每个人的财产权；《中华人民共

和国宪法》第三十五条保障人民的言论、出版、集会、结社、游行、示威的自由。

3. 权威可以用于和平而公正地解决纠纷。例如：裁判监督足球赛的顺利进行，也负责解决可能出现的争端；法院处理人们因财产或其他事项所发生的争端。

4. 权威可用于确保众人公平分享利益（好处）、分担责任（坏处）。例如：法律确保我国所有儿童都有机会接受九年制义务教育；父母可以要求子女帮忙做家务。

四、权威可见于哪些地方？

权威可见于哪些地方？只要环顾日常生活，就会看到很多拥有权威的人在管理我们的生活。许多人都有权规范我们的行为——父母、老师、警察、政府官员（或行政人员）等。另外，我们也会受制于法律及其他规则。一些常见的、与权威相关的事物如下。

角色：某些角色（工作或职位）享有能规范或控制众人行为的权威，无论由谁担任这些角色都是如此。例如，不管是谁当上交通警察，都享有要求他人遵守交通规则的权威。

机构：由一群人共同工作或建立的组织，拥有可以左右或影响他人的权威。例如，人民代表大会有权立法，而人民必须遵守其所制定的法律。

法律和其他规定：人们必须遵守的法律和规定都具有权威。例如，你遵守了某一项法律规定去上学，就表示你承认该项法律的权威。

风俗习惯：风俗习惯也被称为传统，某些习惯在人们心中根深蒂固之后就被认为具有权威。例如，人们遵循“先来后到”的规矩，表示人们认可这项存在已久的习惯，认可这项传统的权威。如果某人插队，或是先为排在队伍后面的人服务，很可能会遭受强烈的反对，这表示这项习惯已经具备了权威。

道德标准：道德标准（对与错的基本观念）对于我们的行为有很大的影响。大部分人通常会做正确的事情。有些人这么做主要是不想因犯错而遭到处罚。然而，很多人之所以做正确的事情，是因为他们相信这是自己该做的。例如，一般而言，人们会尽量以公平且仁慈的态度对待他人。

五、权威的来源是什么？

生活中很多地方可以察觉到存在权威，我们也能看到约束或规范我们行为的权利掌握在某些职位或角色的人手中，有些机构、规范、风俗习惯或道德标准对人们的行为也有很强的约束力。但是这些权利从何而来？源于何处？例如：警察为什么有权指挥人们？全国人民代表大会为什么有权通过法律，而人们为什么必须遵守？简单地说，权威的来源是什么？

有时候某项规定或职位的权威来源需要进一步追溯，比如，在一所区级公立中学里，老师管理秩序的权威可以追溯至管理学校的校长，是校长招聘录用了老师；然后追溯到任命校长的区教育管理委员会（或其他教育行政主管部门），校长是被区教育管理委员会（或其他教育行政主管部门）所任命的；还可以追溯到市一级的教育委员会（或其他教育行政主管部门）；再继续追溯的话，可以追溯到教育领域的地方性法规或部门规章，甚至是教育法，这些法律法规让各市、各区的教育委员会有权制定管理学校的规定。最后，老师的权威可以追溯到制定相关规范的市级人民代表大会、全国人民代表大会甚或宪法。

然而，我们最终可能会问：这些政府或风俗习惯和道德标准所拥有的权威，它们的“最终来源是什么”？这个问题的答案成为判定权威是否具有正当性的依据。也就是说，思考政府、风俗习惯或道德标准的权威来源，有助于人们决定是否遵守该项权威。例如：有些风俗习惯的最终权威来源，可能只是因为长久以来都是这么做的，所以众人不假思索就接受了。如果没有什么好的理由来支持这些风俗习惯，人们可能就不再遵守了。

【学习重点】

（一）有哪些观点被用来支持统治者和政府的权威具有正当性？

以下是赋予统治者和政府权威正当性的几种观点。

君权神授：统治者常宣称他们的权威来自至高无上的神，所以他们拥有统治权。换句话说，他们声称他们的权威是神（或上天）所赋予的。

世袭而来：有些统治者认为他们的权威承袭自祖先，也就是之前的统治者。

学识渊博所带来的权利：有些人主张博学的人应该拥有统治的权利。

被统治者同意所赋予的权利：当代政府几乎都主张它们的权威来自人民，人民同意并接受由他们所选出来的代表进行统治。

（二）为什么了解权威的来源很重要?

只有了解权威的来源才能判断拥有权威的人（或机构）是否有权力实施某些行为。例如，了解宪法赋予法院哪些权力，人们就可以依据宪法去判断法院的判决有没有超出它的职权范围。而宪法的权威来源是什么？来源于人民的同意。

对于权威的来源应该是什么，众人的意见不一。权威来源中，哪些更为重要，看法也各不相同。要讨论这类问题，就必须先辨识及评估不同权威的来源。

第二单元　评估权威职位的人选、评估规则和法律

课程目标：掌握评估权威职位的人选、评估规则和法律的思考工具。

关键词：思考工具；权威职位；资格；责任；职权；限制；勤勉

一、为什么要对担任权威职位的人选进行评估?

我们的生活每天都会受到担任权威职位的人的影响，这些人的角色或工作赋予他们权威，以便规范或控制我们的部分生活。例如：人大代表和政府官员就是在担任权威职位，人们给予这些人很大的权力。有能力且懂得运用权威的适当人选，可以让我们的生活更轻松愉快；不适当的人选担任权威职位，则可能让人们的生活既不顺利又不愉快。

不同的权威职位所需要的资格不同，所谓的资格包括知识、技能、才能和人格特质。有的人可能很适合当警察，却不适合当法官；适合当法官的人，又可能无法胜任警察的工作。在选择由谁担任权威职位时，应该考虑这个人必须拥有什么样的资格。

每一个人都有机会选择自己认可的担任权威职位的人。例如：在学校，

有机会投票选班长，年满 18 岁之后，就有权投票选择人大代表。

【深入探究/练习】

辨识领袖人物应具备的资格。

下面这个故事改编自罗斯福（1858—1919 年）的作品《西部的胜利》（*The Winning of the West*），主要是讲述探险家路易斯（1774—1809 年）与克拉克（1770—1838 年）的事迹。请阅读故事并思考：路易斯和克拉克为什么能胜任西部探险队领导人的职位？他们有什么样的人格特质？

路易斯与克拉克探险队

杰弗逊总统指派路易斯和克拉克带领一支探险队穿越路易斯安那地区。这个地区是美国在 1803 年从法国手中买下来的。探险队全体成员都期盼着幸运地找到通往太平洋的路。

探险队行经的区域大多荒无人烟。横亘在他们与目的地之间的是广阔的平原、高耸的山脉、蜿蜒的河流和原住民部落。杰弗逊总统不仅希望他们一路平安，成功抵达太平洋沿岸然后返回，也要求他们将沿途的见闻记录下来。

路易斯和克拉克两人都拥有细致、精确的观察能力，其他探险家很少能如此详尽地描述新天地的自然特征及动植物。

更重要的是，这两位年轻队长拥有带领探险队穿越未知地区所必备的人格特质。他们制定了良好的规则，要求队员遵守纪律，处罚做错事情的人，但不严厉苛刻。他们与探险队的成员一样，遵守规则，做好自己分内的工作，大家甘苦与共。

路易斯和克拉克深受队员的爱戴和尊崇，队员对他们忠心耿耿，也都很乐意依照他们的指令做事。路易斯和克拉克以尊重、关怀的态度对待当地的原住民。就这样，智勇双全的路易斯和克拉克带领这支队伍安然渡过了多次危机。

【请思考】

1. 路易斯和克拉克承担着什么样的使命？

2. 路易斯和克拉克具备什么样的资格，使他们完成了使命？

二、如何选择适当的人担任权威职位？

从路易斯和克拉克的故事可以看到，只有具备某些资格和特质，才能够胜任一项权威职位。以下思考工具可以用来判断某人是否适合担任特定职位。

（一）某项职位有哪些责任、职权、权利与限制？

在决定某人是否能胜任某项职位前，必须对该职位进行审视，然后回答下列问题：

1. 这个职位要担负哪些责任或职责？

2. 担任这个职位的人会获得哪些行使权威的职权或能力？

3. 担任这个职位的人会获得哪些权利？

4. 担任这个职位的人所拥有的职权会受到什么样的限制或约束？

（二）一个人应该具备什么资格才能胜任这个权威职位？

不同职位会有不同的要求或条件。想要胜任工作岗位，就必须具备该工作所需的资格。某些重要的资格是根据职位来设定的，其中可能包含：

1. 特殊知识或技能；

2. 处事公正；

3. 诚实；

4. 有智慧；

5. 勤勉（愿意努力工作）；

6. 可靠或值得信赖；

7. 勇敢；

8. 善于合作；

9. 懂得尊重他人的权利和需求；

10. 坚守重要的价值观和利益。

（三）每位候选人分别具有哪些优点和缺点？

应该以这个职位所需要的资格为基础，考虑每位候选人的优缺点。

（四）根据前三个问题的答案判断最适合该职位的候选人

判断出适合的候选人，同时说明自己的理由。

【深入探究/练习】

辨识权威职位所需要的资格。

学生会成立了学生法院，如果有学生被认为严重违反校规校纪，要由学生法官负责召开校园听证会，然后根据听证会结果提出处罚建议。学生法院的法官由全校学生选举产生，请运用所学的思考工具来选择学生法官。

班级分组讨论，并参照案例完成下面表格。

学生法官评估工具表

学生法官的责任、职权、权利与限制	学生法官应具备的特质
责任：学生法官有责任	为了完成这些责任，学生法官应该……
1. 了解听证会中呈现的所有证据	a. 认真、仔细、全面了解情况；b. 没有偏见
2. 诘问受指控的学生及其他所有证人	
3. 诠释和适用校规	
职权：学生法官的职权包括……	为了行使这些职权，学生法官应该……
1. 要求受指控的学生出席听证会	
2. 要求证人出席作证	
3. 维持听证会秩序	
4. 要求不守规定的人离开听证会	
5. 做出判断，并提出与校规及处罚有关的建议	
权利：学生法官拥有以下权利……	要让人相信自己不会滥用这些权利，学生法官应该……
1. 能够免除少量课业负担，以履行法官的工作	
2. 有权召开非公开的听证会，无须老师或行政人员在场	
限制：学生法官的权力是有限制的……	为了配合这些限制，学生法官应该……
1. 必须依照规定召开公正的听证会	
2. 不得偏袒任何学生	
3. 必须根据事实与校规做出判断	
4. 不得提出不公平或不合理的规定或处罚的建议	

三、为什么要对规则或法律进行评估？

除了要了解担任权威职位的人是否适任，我们还要评估相关规则的合理性。有的人认为规则既然存在，就表示其必然是良善的或有功用的，但这种说法未必正确，现有的规则也有可能存在问题。

【深入探究/练习】

制定评估规则的标准。

“干谷”地区的规则

有个被称为“干谷”的地区历来缺水，现在要制定一些规则，帮助“干谷”地区的居民节约用水，但是下列每项规则都有一个以上的缺点。请仔细审视这些规则，思考如何改善，并尝试总结出评估规则的标准或原则。

1. 只有在“干谷”地区居住 5 年以上的人，才可以用水灌溉自己家的花园或草坪。

2. 除非有特别规定，否则不得取消剩余水权。

3. 每个人必须在每月的 15 日以前缴清水费账单。

4. 用水太多会被处以罚款。

5. 不管白天还是晚上，水务局工作人员随时都可以进入居民家中，检查水管是否漏水。

6. 下个年度任何人都不能用水，无论使用目的是什么。

【请思考】

针对上述规定，回答下列问题。

1. 上述规定的缺点分别是什么？

2. 思考改善这些缺点的方法，总结一下，并说出好的规定应该是什么样的。

四、如何评价一项规则或法律的好坏？

对“干谷”地区虚拟情境进行思考，我们评估了一些规则的好坏，列出了好的规则应有的特征。

好的规定应该：

1. 公平；

2. 容易理解；

3. 设计完善，能达成订立的目的；

4. 表达清晰，让人明白该做什么；

5. 不会侵犯到他人的隐私或自由等基本权利；

6. 具备被遵守的可行性。

在评估一项规则时，可以思考所评估的规则是否具备上述特征。也就是说，上述特征可以作为思考工具，用以评价规则的好坏。其他思考工具详见“规则评价工具表”。

【深入探究/练习】

评估规定。

阅读故事，小组讨论，尝试运用“规则评价工具表”来评估故事中的规则。

学校储物柜争议

某区有的中学会在校园内给每位学生配置一个储物柜，存放学生的书、衣服等私人物品。这个举措在很多学校已经实施多年，学生们非常认可这样的设置，并且已经习惯了每人拥有一个储物柜的校园生活。

但是对于一些老师和行政人员来说，在校园里给学生配置储物柜的做法让他们很头疼，因为学生在存取物品的时候教学楼和走廊里总会吵闹不堪，有些学生因为存取物品上课迟到，还有学生在储物柜里藏匿校园违禁品。

因此，区教委制定了一项新规——不允许在学校内设置学生储物柜，现有的储物柜被搬走或被封死。校园里变得安静、有序了，学校的老师和行政人员对新规赞誉有加。

但是，这些学校的学生就没那么高兴了，他们抱怨必须带着所有教科书、体育服、球鞋、笔记本和一些用具到处跑。物品多且重。学生们很怀念拥有储物柜的日子。甚至有人主张：“把权利还给我们！学生需要储物柜。”

你对于学校不设置学生储物柜的这项新规有什么看法？请回答“规则评价工具表”中的问题。

规则评价工具表	
问题	答案
1. 要评价的规则是什么？	
2. 制定这项规则的目的是什么？	
3. 制定这项规则是否有必要？是否有更好的方法可以达成同样的目标？	
4. 这项规则可能引发哪些效应？	
5. 这项规则有哪些优缺点？ 这项规则是否 □公平 □容易理解 □设计完善，能达成订立的目的 □表达清晰，让人明白该做什么 □不会侵犯到他人的隐私或自由等基本权利 □具备被遵守的可行性	
6. 这项规定应该维持不变、修改还是废除？为什么？	

【课后练习】

1. 某中学宣布，从下学期开始，增加晚自习时间，并且要求全体学生在学校吃晚餐，晚餐结束之后所有学生参加晚自习，时间从晚上 7 点至 10 点。请运用“规则评价工具表”来评估这项规定，然后以报告的形式说明你对这项规定的看法。

2. 找出一个你们学校中存在的问题。制定一项新的规则来改善这个问题。在班级进行分享，并回答同学们提出的问题，最后让班级投票决定是否支持这项规则。

第三单元　运用权威的利弊得失

单元目标： 运用权威就会产生一些后果。有些后果是利益（好处），有些则是代价（坏处）。通过辨识运用权威可能产生的后果，学会将后果分类，并依分类做出相关决定。

关键词： 可预测性；效率；可靠；监控；经济成本；难以辨识或接近（负责任的人或机构）；不适任

一、辨识权威所产生的后果并加以分类

【深入探究/练习】

请阅读下列4种虚拟情境，仔细分析运用权威所产生的后果，并把后果分成利益或代价。

1. 为了使年轻人开车少发生事故，全国人大制定了一项法律，将申请驾照的年龄从18岁提高到21岁。

2. 学校附近超市发生了学生盗窃的案件，校长为了回应商家的抱怨，新增了一条校规，午休期间学生不能离开学校。

3. 为了控制河流污染情况，市人大通过一项新法，规定工厂若是违法倾倒废弃物污染河流，将会被处以高额罚款。

4. 某省连续四年干旱，省人大为了解决用水短缺的问题，立法规范用水。其中一项规定就是城镇居民每户每月用水不能超过30立方米。

【请思考】

1. 在这种情况下运用权威可能产生什么后果？

2. 你认为这些后果当中哪些是利益？为什么？

3. 你认为这些后果当中哪些是代价？为什么？

二、审视运用权威常见的利弊得失

【深入探究/练习】

以下列出了一些运用权威最常见的利弊，阅读说明及事例，小组讨论，从自己的经验中举例说明各项利益和代价。

(一) 利益

1. 安全。权威可以带来秩序和可预测性（知道会发生什么事），让人更有安全感。例如：

(1) 由于有交通规则，人车通行不仅有秩序而且可以预料，让人感到安全有了保障。

(2) 片区警察的巡逻能减少或预防犯罪行为的发生，让社区更安全且更有保障。

2. 公平。权威可以促进公平。例如：

（1）《中华人民共和国劳动法》规定，劳动者就业，不因民族、种族、性别、宗教信仰不同而受歧视。

（2）法官确保每个被起诉的人都能在法院得到公平的审判。

（3）《中华人民共和国刑事诉讼法》规定，审判人员、检察人员、侦查人员必须依照法定程序，收集能够证实犯罪嫌疑人、被告人有罪或者无罪、犯罪情节轻重的各种证据。严禁刑讯逼供和以威胁、引诱、欺骗以及其他非法方法收集证据，不得强迫任何人证实自己有罪。

3. 自由和其他权利。权威可用于保护个人的自由和其他权利。例如：

（1）《中华人民共和国宪法》规定"年满十八周岁的公民，不分民族、种族、性别、职业、家庭出身、宗教信仰、教育程度、财产状况、居住期限，都有选举权和被选举权；但是依照法律被剥夺政治权利的人除外"；"公民有言论、出版、集会、结社、游行、示威的自由"；"公民有宗教信仰自由"。

（2）中华人民共和国公民的人身自由不受侵犯。任何公民，非经人民检察院批准或者决定或者人民法院决定，并由公安机关执行，不受逮捕。禁止非法拘禁和以其他方法非法剥夺或者限制公民的人身自由，禁止非法搜查公民的身体。

4. 效率（有效利用资源）。拥有权威的人可以把工作分派给适合的人做，以增进效率。例如：

（1）部队指挥官可以将不同职责分派给不同士兵，以提高作战效率。

（2）学校的校长可以依据每个老师的专业和教学经验，指派老师讲授不同学科，指导不同班级。

5. 提供基本服务。权威可用于提供基本服务。例如：

（1）人民授权给地方政府，让政府管理地方行政事务，发展地方经济。

（2）人民授权给法院和检察院，让法院对案件进行判决，让检察院对法律的执行进行监督。

6. 改善生活品质。权威可用于保护和改善人民的生活方式。例如：

（1）《中华人民共和国食品安全法》让人们远离危险的食品药品、不干净的饮用水、受污染的空气和危险的废弃物。

(2)《中华人民共和国噪声污染防治法》对噪声进行分类管理、防治噪声污染的规定让人们可以享受舒适的居家生活。

(二) 代价

1. 滥用权力。拥有权威的人可能会滥用所处职位的权力。例如：

(1) 市政府的官员可能处事不公，偏袒亲戚或朋友。

(2) 警察可能没有正当理由就对人进行逮捕、搜身或闯入居民家中搜查。

2. 必须有所监控。赋予他人权威后，必须耗费时间和精力确保这些人做好自己的工作。例如：

(1) 企业雇用职业经理人来监督员工的工作。

(2) 公民有责任监督政府是否尽职。很多组织还需要花时间或金钱去研究、审计政府机构的预算、开支，政府在防治环境污染方面的执法情况，等等。

3. 难以辨识或接近（负责的人或机构）。由于官僚体系庞大而复杂，拥有权威的人和机构很多，他们各自负责不同的职务，民众遇到问题时可能很难找到（或很难联络上）正确的人或机构来帮忙。例如：

(1) 政府官员总有忙不完的事情，可能没有时间来倾听民众的心声。

(2) 想购买政策保障型住房的家庭可能需要跑很多个机关、部门才能获得购买资格。

(3) 人们觉得小区的学校得到的补助太少，以致办学条件很差，但不知道该找谁解决这个问题。

4. 自由与其他权利受限。运用权威必定会对自由造成某种限制。例如：

(1) 你父母可能要你帮忙做家务，可是你并不想做。

(2) 受到交通规则的限制，你开车时不能想开多快就开多快。

5. 经济或财务成本。维持这些权威人士和机构存在，比如任职于政府里的官员，是需要成本的。

(1) 政府向公民收税来支付执法人员、法官和教师的工资。

(2) 只有公民交税，军队才得以存在，也才有保卫国家所需要的资源。

三、哪些利益和代价最重要？

评估运用权威所产生的利益和代价十分重要。在所做的决定与规范或位处权威职位的人的行为有关时，必须先判断哪些后果最为重要。利益是否比代价重要？或对我们来说，所带来的代价远超于利益？

对于这些问题，众人可能意见不一。如同前述事例，某所学校附近的商超失窃案件增多，有些商家说服学校的校长制定一条新规，规定学生午休时间不能离开学校。大家都认为，这项规定的代价是学生的自由受到了限制，利益则是学生行窃的概率降低了。有的人可能会认为比起减少失窃案件的数量，学生的自由更重要，有的人则不认同。因此，在审视运用权威的利益与代价时，考虑不同的观点是很重要的。

【深入探究/练习】

针对权威问题选择立场时，考虑所有的利弊得失。

职业高中与驾驶执照

某市人大常委会正在考虑制定一项法律，鼓励学生初中毕业之后去就读职业高中，其中规定，假如中考成绩在600分以上（满分为660分）的初中生，毕业之后选择就读职业高中，将其申请驾照的年龄降低至16岁。

分小组讨论，从你们所代表的小组角度出发，确定你对于这项法律的态度，并在班级汇报分享你的立场和观点。

组别划分：

1. 普通高中校长；
2. 职业高中校长；
3. 交通管理委员会；
4. 家长；
5. 就业指导委员会；
6. 市人大代表。

【请思考】

1. 你们这组对这项法律可能采取什么样的态度？
2. 从你们这组的立场看，这项法律有哪些利弊得失？
3. 哪些因素左右了你们对利益和代价的评估？

第三节　高中段：权威的范围与限制

课程目标：掌握思考工具，学会评估具有权威的职位和机构；能够判断某个职位或机构的责任、职权、特权和限制是否规划得当，或是否需要改变；能够运用思考工具来设计一个权威职位。

关键词：范围；限制

一、为什么懂得评估权威职位很重要?

担任权威职位的人每天都在以某种重要的方式影响着我们的生活。家长、老师、校长等人做出的决定或采取的行动都可以影响我们的生活。各地的政府机关也都要依赖担任权威职位的人来运行，而且这些职位多种多样，如政府官员、警察、法官、检察官、人大代表、政协委员等。人民赋予了这些人相当大的责任和权力，并希望这些权力能使他们提供我们所需要的服务。

为了维护我们的权益，我们必须懂得判断拥有权威的职位和机构是否完善。担任权威职位的人应该具有工作上所需的足够的权力，但我们也必须有效地限制他们的权力，以保护我们的权利。在以下活动中，我们将学会一些有效评估权威职位的概念。

【深入探究/练习】

辨识权威职位的缺点。

下列虚拟情境中都会提到一个权威职位，但每个权威职位都有缺点，请思考这些权威职位存在什么样的缺点，并回答之后的问题。

1. ××城市的市长必须制定所有法律，还要送快递、清扫街道、驱赶流浪动物、审判所有刑事案件，以及运营地方电视台。

2. 在××省，所有的人大代表都是终身制，一旦得到任命就可以终身任职，无论他们做什么都不会被免职。

3. 某卡拉 OK 厅的经理雇用了 9 名保安，保安要负责把不规矩的客人请出店外。经理表示保安可以随意使用武力，因此，保安打伤了很多人。

4. 某市新当选的市长不允许任何市民跟他说话或给他写信。虽然他是市长，但他把自己锁在办公室里，并拔掉了电话线。

5. 某市出现了多起流浪猫、狗伤人事件，市政府城市管理部门雇用了6个人来围捕流浪动物，却没有提供任何卡车、网子、笼子或狗链。

6. 市政府聘请了6名交通协管员来监管道路行车超速，却没有给任何警务人员配备警车、摩托车或口哨。

7. 某公安局局长像法官一样，他的工作就是判定某人有罪或无罪。他还经常折磨犯罪嫌疑人，迫使他们招供。为了逃避被折磨的痛苦，很多无辜的人只能认罪。

【请思考】

1. 上述虚拟情境中涉及哪些权威职位？

2. 设立这些职位的目的是什么？

3. 你认为这些职位各有哪些缺点或问题？

4. 从这些缺点中，我们可以知道设计良好的权威职位应具备哪些特点？

二、如何评估一项权威职位的优、缺点？

经过以上思考，想必你已经知道了权威职位必须经过妥善设计，否则会产生一系列问题。要防止出现这些问题，你可以运用下列思考工具，协助评估某个权威职位的范围和限制。

评估权威职位优缺点的思考工具：

1. 要评估的职位是什么？

2. 设立该职位的目标是什么？（目标可以多项）

3. 针对这些目标设立该职位是否有必要？

4. 担任这项职位的人只有承担哪些责任，才会使责任不过重也不过轻？

5. 担任这项职位的人是否拥有足够的资源来做好这份工作？

6. 担任这项职位的人是否获得了足够但不过度的权力？

7. 对这项职位要进行哪些限制，以防止权力被滥用？

8. 是否有办法让担任职位的人为自己的行为负责？

9. 是否有适度的公共沟通和投入？

10. 担任该职位的人在履行责任时，是否必须遵守公正和人道的程序？

11. 担任该职位的人在履行责任时，是否必须考虑诸如人身权、财产权、言论自由权等公民的基本权利？

12. 为纠正之前找出的设计缺陷，你将如何改变该职位？

13. 应当让该职位保持现状，还是改变它，或是取消它？根据该职位包含的优缺点，解释你的决定。

【请思考】

1. 这组思考工具在评估权威职位的时候为什么能发挥作用？

2. 能够对一项权威职位进行详尽的评估为什么非常重要？

【深入探究/练习】

评估一个权威职位。

以下阅读材料改编自理查德·亨利·达纳的《两年水手生涯》(1840)。它讲述了一个年轻水手的海上冒险经历。通过船员描述自己亲身经历的“海上鞭刑”，海事审查委员会认为这样的事情很可能不是个案而是普遍存在的现象，因此海事审查委员会打算重新评估船长所拥有的权威。

船长应当被赋予多少权威？在班级里举行一次海事审查委员会的模拟听证会，讨论这个问题。通过分组扮演角色，学会运用评估权威职位的思考工具，并且能够解释论证自己关于船长权威的观点。角色分为以下几组：

1. 故事讲述者；

2. 船长；

3. 山姆（水手）；

4. 约翰（水手）；

5. 海事审查委员会。

首先，每组将依次阅读“背景材料”“职位描述”“海上鞭刑”和“后记”，完成后面的“评估权威职位的思考工具表”。其次，每组所扮演的角色将分别向海事审查委员会提交证据，并选出一名发言人代表陈述观点，但小组所有成员都应做好回答海事审查委员会提问的准备。同时，扮演海事审查委员会的小组将列出询问各组的问题，并选出一名主席来主持听证会。在各组陈述完自己的观点后，海事审查委员会应当讨论如何界定一位船长所拥有的权威的范围和限制，决定是需要对该职位做出改变，还是维持现状，或是撤销该职位。最后，委员会应当向全班解释自己的决定。

【背景材料】

1840 年，一部小说刚出版就风靡一时。这是一位水手根据自己的经历写成的。小说提出了对船长的权威进行限制的问题。这部小说甚至引起了海上安全委员会的注意，为了评估该船长的职位设置存在哪些问题，同时也为了收集关于改进这一职位的建议，他们决定召开一次听证会。为了完成这一目标，请仔细阅读以下几份材料：

1. 一份船长的"职位描述"；
2. 水手的故事："海上鞭刑"；
3. 一张思考工具表。

船长的"职位描述"：

（一）职责和职权。一艘船舶的船长有责任和权力做下列事情：

1. 监督船舶的运行；
2. 决定船舶的航行路线；
3. 在船上分配船员做不同的工作；
4. 调解船员之间的纠纷；
5. 惩罚违反规定的船员；
6. 决定谁将会获得特别优待（如上岸休假）；
7. 向船东撰写报告；
8. 写航海日记，报告船舶航行进度；
9. 到达国外港口时，代表船东。

（二）特权。一艘船舶的船长被赋予以下特权：

1. 从船东处领取薪水，并从航程中获得一定比例的利润；
2. 不同于他人的特殊制服；
3. 一间私人舱室；
4. 专门准备的餐食。

（三）限制。一艘船舶的船长不能做出以下行为：

1. 不顾航行安全的冒险行为；

2. 在国外港口触犯当地法律；

3. 对违反规定的船员处以死刑。

水手的故事：海上鞭刑

我们的船长脾气很暴躁，他经常因为很多小事发脾气。厨子把木材放在甲板上，船长就要威胁鞭打他；大副吹嘘自己打的结比船长打得好，船长也会非常生气，把怒气发泄在大个子山姆的身上。山姆不太会说话，动作有点慢，但他努力工作，是个不错的水手，可船长就是不喜欢他。

一个周六的上午，我听到船长在甲板上怒吼，然后就是吵闹、打架的声音。

"你给我站好了，不许动！"船长说，"你还敢再跟我顶嘴？"

"那不是我干的，先生。"山姆说。

"我没问你那个！我问你还敢不敢跟我顶嘴！"

"那不是我干的，我没干过那个事，先生。"山姆重复道。

"我问的是你还敢不敢跟我顶嘴！回答我的问题！信不信我把你绑成个'大'字，抽你！"船长几乎气到要发疯。

"我不是奴隶。"山姆说。

"那我就让你当一回！"船长说。他跳上甲板叫大副："把他给我绑起来！四肢展开！我要让你们看看谁才是这艘船的船长！"船员把山姆带到甲板上，山姆并没有挣扎。

"你打他干什么？先生！"另一名水手约翰说。船长转身又命令其他船员给约翰戴上铁镣。

大副在把山姆绑起来的时候脱掉了他的上衣，露出他的后背，船长手上攥着一根又粗又重的鞭子，特意后退了几步，这样可以好好发力鞭打山姆。

看着这一切，我感到很不舒服。我想制止，但没有人跟我一起，船长和他的手下人数众多，如果开打，我们铁定会输，然后他们反倒会指控我们叛变。即使我们能获胜，他们也会给我们打上海盗的标签。一旦抓到我们，他们会加倍严厉地惩罚我们。像我们这样的水手在船上是没有权利的，要么乖乖地听船长的所有命令做事，要么就变成一个叛徒或海盗。

船长用尽全身的力气，甩着鞭子抽打可怜的山姆，一共 6 鞭。

“你还敢不敢再顶嘴?”船长咆哮着。

山姆什么都没有说。船长又打了 3 鞭，然后他切断山姆身上的绳索，把他扔到船舷最前面。

“现在轮到你了!”船长说着，走到约翰身边。大副立马把约翰也绑起来，船长准备要鞭打约翰。

“你为什么要打我，先生?”约翰问，“难道我没有尽责地工作? 难道我偷懒或顶嘴了?”

“不，”船长说，“我打你是因为你刚才问问题了。”

“我不能提问吗?”约翰问。

“不能!”船长又咆哮道，“我不允许任何人做任何事情，除非是我下了命令!”他开始鞭打约翰。越打越用力，越打越疯狂！我被吓坏了，再也看不下去了。最后，船长停下来，大副解开约翰的绳索，把他放下来。船长转身看向我们其他人说：

“现在你们看到了！现在你们知道我是谁了！我是奴隶主，你们都是我的奴隶！我要让你们听我的命令做事，不然就用鞭子抽你们!”

（后记）

那些我目睹的发生在我的伙伴身上的、非常残忍的事情，只要是听过我讲述的人都会记住。事实上，单是提到“鞭刑”这个词，都会让我不可遏制地想起当时的感受。然而，当有提案建议立即完全废止“鞭刑”、从此禁止船长在任何情况下体罚船员的时候，我却不得不要求撤销这个提案。

因为如果我是船长，要让我在任何情况下都不能实施哪怕是最轻微的惩罚，那么我应该不会接管明天要出海的那艘船。因为作为一艘漂泊在海上的船舶的船长，我自己也不知道将会承担怎样的风险，也不确定会遇到什么样的麻烦，所以不如先索性这么做（实施暴力)。因为我需要一种可以作为威胁的权力去阻止风险并切实地保护自己，如果没有一种可以掌握一切的权力，漂泊在大海之上，一旦出现某种极端状况，我既不希望自己陷入那样的处境，也不愿意让其他人陷入那种处境。

评估权威职位的思考工具表	
问题	答案
1. 要评估的是什么职位？	
2. 设立这个职位的目的是什么？	
3. 这个职位是否有存在的必要？试说明理由。	
4. 这个职位有哪些责任、权力、特权与限制？	
5. 如此设计这个职位可能产生什么结果？	
6. 这个职位的设计有什么缺陷？请考虑： ●责任的轻重； ●所得到的资源； ●被赋予和被限缩的权力； ●是否能有效问责？ ●是否有方法预防权力的滥用？ ●是否注重公平程序及重要价值？	
7. 你会提出什么建议来改良这个职位？这些改变会带来哪些利益和代价？	
8. 你觉得这个职位应该被撤销、维持现状还是被修正？试说明理由。	

【课后练习】

1. 选择一个权威职位，运用你所学到的思考工具来评估该职位。

2. 写一个小故事，描述一个国家领导人权力没有受到合理的限制，可能会出现什么问题，而你会怎么做来改善这种情况。

三、如何设置一个权威职位？

权威职位的评估重要，权威职位的设置更重要。接下来，我们将要练习运用所学到的思考工具来判断某个特定权威职位的范围和限制，并设计出一个权威职位的责任、权力、特权与限制。

【深入探究/练习】

设置一个权威职位。

阿哈市人大代表计划设置一个权威职位。请先阅读材料“治理阿哈湖”，然后在班级分组，按照要求进行活动。

治理阿哈湖

阿哈市虽然很小，却有着绝大多数城市都有的问题。保护环境、提升阿哈市居民的生活品质，是市民关心的重要议题。市人大在去年花了很多时间调查环境问题。

市人大代表们尤其担心阿哈湖的污染问题。这个湖位于阿哈市的南边，给当地居民提供饮用水和水产品。由于污水处理设施不良，城市的污水在未经处理的情况下就排入阿哈湖，相关行政部门不得不多次封闭该湖。

然而，还有一个更严重的问题，那就是化学污染。近年来，工厂不断向湖中排放有害化学物质，就连当地最大的企业也不例外。去年春天，省卫生主管部门建议居民在湖水净化完成之前，不要再吃本地捕捞的鱼。

市人大一连举行了好几场听证会，邀请一些专家来进行论证，包括两位来自著名大学的教授。省卫生主管部门的人员、当地的医生以及医院的人员都认为阿哈湖对居民健康可能造成了危害。商会代表、行业协会和当地工商业代表则提到整治阿哈湖和未来防治污染所要付出的代价。他们主张这些代价可能迫使工厂关闭，造成当地居民失业。

有些提案建议治理阿哈湖。市人大代表举棋不定，他们了解治理阿哈湖和进一步防范工业污染有其必要性，与此同时，他们也了解这么做要付出多大的代价，又会为当地产业带来多大的风险；他们担心有些公司不愿意配合麻烦的环境管制措施，而选择离开阿哈市。

阿哈湖的污染是市人大面临的最严重，但不是唯一的环保问题。还有其他提案建议治理空气污染和实施垃圾回收。市人大觉得他们需要在市政府设置一个权威职位（或部门）专门处理环保问题。

但是，应该设置哪种职位呢？是该找一个人全权负责环境问题；还是找两个人，一个负责解决居住环境问题，另一个则负责处理工业环境问题？或是该成立一个委员会，而不是只交由一两个人来做？担任新职位的人应该是选举产生还是市人大直接任命？这项权威职位应该有哪些责任、权力、特权和限制？

阿哈市人大决定成立一个特别委员会来评估这些选项，并提出行动方案。

给特别委员会的指示

每组学生都要设计一个新的权威职位，来处理阿哈市的环境问题。选出一位同学担任主席来带领讨论，并选出一位同学负责记录。

结合后面的“设计权威职位的思考工具表”，将答案填写在表格当中。

【请思考】

1. 各组分别说明本组建议设置的权威职位。说明应包括下列内容：

（1）设置这个职位的目的；

（2）这个职位的责任、权力、特权与限制；

（3）规划出来的这个职位可能产生的影响（代价与利益）。

2. 每组有三分钟时间陈述自己的规划，其余同学可以提问。

3. 各组发表观点结束后，全班应该针对各组建议的职位讨论其优缺点，所有同学都可以针对规划提出修改意见。

4. 最后进行投票，决出设计得最合理的方案。

设计权威职位的思考工具表

问题	答案
1. 要解决的是什么问题？	
2. 设立权威职位是否有助于解决这个问题？或其他更好的方法可以达到同样目的？说明你们的想法。	
3. 你们这组建议设立什么样的权威职位？ ●一个还是多个职位？ ●个人还是委员会？ ●选举产生还是直接指派？说明你们的理由。	
4. 这项权威职位应有哪些责任、权力、特权和限制？应考虑到： ●责任轻重； ●所得到的资源； ●被赋予和被限缩的权力； ●是否容易问责？ ●是否有方法预防权力遭到滥用？ ●是否注重公平程序及重要价值？	
5. 设置这么一个权威职位可能带来哪些影响？想想你们所涉及的职位会产生哪些利弊得失。	

【课后练习】

1. 找一个你生活的社区或城市面临的环境问题，尝试运用设置权威职位的方式来处理这个问题。

2. 在你的学校或你生活的社区，甚至是你居住的城市，找一个你认为应该重新设计的权威职位，你认为应该怎样改善这个职位？写篇短文，阐述你的观点。

第四章　权利课程的一体化教学

第一节　小学段：初识权利

第一单元　初识权利

课程目标：了解权利的概念；了解基本权利的类型；了解隐私权的定义；能够描述哪些情形涉及隐私权。

关键词：权利；基本权利；隐私权

何谓权利？

（一）权利和基本权利

权利是指在一定的法律关系中，主体一方对另一方所享有的可以要求一定的作为或不作为并为法律规范所认可的一种资格。

权利分为两种，一种是普通权利，一种是基本权利。这两种权利是相对的。

普通权利指的是权利主体在具体法律关系中享有的权利，反映了权利主体的普通法律地位。

物权和债权就属于普通权利。例如：小 A 有一台闲置的电脑，几乎不怎么用。小 B 电脑坏了，正好需要，小 B 看中了小 A 闲置的电脑，于是就跟小 A 商量，签了一个买卖协议，小 A 以五千元的价格把这个电脑转让给小 B。双方在协议上签字之后，小 A 就把电脑交给了小 B，但小 B 没带钱，于是，带着电脑回家取钱。这时候，在小 A 和小 B 之间就产生了一种法律关系——买卖关系。在这种买卖关系当中，双方作为权利的主体，都享有具体的权利，什么权利呢？

首先，因为小 A 的交付行为，小 B 获得了电脑的所有权，也就是物权。本来是小 A 享有电脑的物权，但是因为签订协议和交付行为，这台电脑的物权转移给了小 B。因为签订协议以及小 B 没有支付相应的价款给小 A，所以小 A 对小 B 享有债权。此时，物权和债权就是一对普通的法律权利，描述的是小 A 和小 B 在这种民事法律关系中的法律地位。

基本权利指的是人作为人所固有的权利，即由人性所派生的或为维护“人的尊严”而应享有的、不可或缺的、具有重要意义的权利。哪些是人人都不可或缺的、人人都必须享有的权利呢？如人身自由权、生命权、财产权、言论自由权、信仰自由权、人格尊严等。

每个人都需要有尊严地活着，而有尊严地活着需要一些条件，比如，要有一定的财产或物质，满足自己最基本的生存需要；要有人身自由，从事自己喜欢的职业而不被干涉；要有发表想法和感受的自由，喜欢谁、讨厌谁、支持谁、反对谁，都能自由地表达；要有自己的隐私，包括决定自己是否与他人分享自己的信息，决定是否远离人群、安静地独处；等等。有了这些权利，人们才能安心地生活、学习、工作，而国家不仅要保障每个公民的这些权利，还要在每个公民有困难的时候提供帮助。

【深入探究/练习】

有尊严地生活所需的权利。

阅读下列材料，思考哪些情形涉及有尊严地生活所需的权利，谈谈你的观点。

1. 花花生活在某大城市，她每天要工作 18 个小时，但是每个月的收入只有 2000 元。扣除房租、水电的费用，每月只剩下 300 元生活费，因此每天她只吃两顿饭，有一次在路上晕倒，医生说是营养不良。

2. 阿明每天都战战兢兢，因为他家的房屋被一群持器械穿制服的人占用了。这群人说：“别担心，以后会好好补偿你的。”可是阿明直到现在也没看到什么补偿。

3. 楚门每天高高兴兴地上班，高高兴兴地下班，他对每个人都很友善，喜欢跟每个人交往聊天，他正常娶妻结婚，过着平凡的生活。但是，有一天他突然发现自己生活的小镇其实是一个巨大的摄影棚，摄影棚中藏匿着五千多个摄像头，这些摄像头记录着他的一举一动，包括他写的日记，他洗澡、他上厕所……他一天 24 小时地暴露在全世界的观众眼前。于是他想逃离小镇。

4. 安娜从小就相信只要奉行真善美，死后就能进入天堂，因为她的父母一直这样告诉她。她也是这样做的，她为人谦和、善良，隐忍，乐于助人。但是有一天，有人告诉她，她所相信的都是错误的，人活着就是要把握现在，及时行乐，以后不允许她做祷告了。安娜觉得很难过。

5. 欢乐小镇有很多事务需要大家商量着办，比如说医院建在什么地方，幼儿园、小学、中学是否能合在一起，是否需要建一个养老院，等等。有的居民认为只有有钱人才能参加投票决策，因为有钱人交税比较多；有的居民认为只有男人才能参加投票决策，因为男人身强力壮，出力比较多。为此，镇上的穷人、老人、女人、孩子都很不开心。

【请思考】

以上情形涉及哪些权利？这些权利为什么重要？谈谈你的观点。

（二）基本权利的类型

基本权利可以分为很多类型。

平等权：指的是公民依法平等地享有权利，不受任何不合理的差别对待，要求国家给予同等保护的权利。例如，无论城市还是农村，每个孩子到六岁就可以去上学，接受九年制义务教育。

参政权：指的是人们参与政治活动的权利和自由。例如，年满十八周岁的公民，不分民族、种族、性别、职业、家庭出身、宗教信仰、财产状况、居住期限，都有选举权和被选举权。

人身自由和人格尊严权：人身自由指的是人的身体不受不合理强制的自由，任何人都有无正当理由身体不受搜查或拘禁的自由，故又称“身体自由”。人身自由被看作人的“最低限度的自由”。人格尊严可以理解为人的尊严，指的是任何人都应该像人一样活着，作为人而受到尊重，不能被当成工具、手段、动物。例如，每个人都可以自由地选择在自己喜欢的城市生活，可以到自己喜欢的地方去旅游而不受非法限制。即使怀疑一个人涉嫌犯罪，也不能任意对他进行拘禁，更不能对他进行侮辱、诽谤、诬告和陷害。

精神自由权：指的是每个人的内心和思想不受束缚，可以独立自主地进行思考、创作、表达。例如，艺术家根据自己的思考创作美术作品，通过艺术的形式表达自己的观点。

社会经济权：指的是每个人都拥有经济自由，包括财产权、合同自由、营业自由、择业自由，等等，同时政府要积极介入，保障每个人的生活，为人们提供有利于生存、生活、发展的社会条件。例如，人们可以选择不同的职业、不同的城市去工作，无论在哪个城市，他们都能享受医疗服务，政府要为他们的孩子提供上学的机会。

获得权利救济权：指的是当人们的权利受到损害时，可以就一切纠纷向法院提起诉讼，请求法院做出公正的裁判。例如，乘客购票乘坐公共汽车，但是因司机操作不当，发生车祸，导致乘客受伤，乘客有权向法院提起诉讼，要求法院判决公交公司和司机共同赔偿乘客的医疗费、误工费等相关损失。

【深入探究/练习】

辨识权利类型。

下列行为涉及了哪些公民基本权利？

1. 同桌偷看了我的日记。

2. 小李迟到了，却在登记本上写了小张的名字。

3. 影楼未经贺林同意，把贺林的照片贴在橱窗里展示宣传。

4. 学校因小明与同学打架，宣布撤销他获得的“市三好学生”称号。

5. 一些同学肆意散播关于某同学的谣言，让其名声受损。

6. 顾客吴大爷在超市购物，准备离开时安检门发出警报，超市工作人员怀疑其携带了未付款的商品，遂对其搜身，有许多群众围观。

7. 讨债公司的几个工作人员坐在晓龙家的沙发上，说：“不还钱我们就在你家坐着，什么时候还钱我们什么时候走。”

第二单元　从隐私权开始认识权利

课程目标：了解隐私权的定义；了解隐私权的重要性；能够分辨保护隐私的情形及事项。

关键词：隐私权；保护隐私的事项；隔离；保密；私密；排斥

一、隐私权是什么？

大多数人愿意与他人分享某些关于自己的信息，但有些信息则需要保密或只与最亲密的朋友或家人分享。同样地，人们并不介意在公开场合做某些事情，但有些事情只会在私密的场合或与自己了解和信任的人在一起时才会做，也就是说，每个人都有不愿意让他人发现、看到或干涉的事情，即希望“保护隐私的事项”。这就是隐私权，私人生活与私人信息依法受到保护，不被他人非法侵扰、知悉、搜集、利用和公开的一种人格权。它可能包括：

1. 决定自己是否要与他人分享信息的权利；

2. 独处的权利；

3. 不受他人干涉的权利。

我们不想让他人发现、看到或干涉的事项，也就是想“保护隐私的事项”，可能包括：

1. 一些具体的事实。例如，自己的出生地、父母，以及年龄、身高、体重等资料。

2. 行动内容。例如，你去了哪里，见到了谁，或者是做了什么事等。

3. 某个地方或是你的所有物。例如，你的房间、衣柜或手提包里面的东西等。

4. 想法与感受。例如，你喜欢谁，讨厌谁，害怕什么，以及你的宗教信仰等。

5. 通信内容。例如，微信聊天记录、电子邮件或通话记录等内容。

【深入探究/练习】

辨识涉及隐私权的情形。

阅读下列材料，选出与隐私权有关的事例，然后回答【请思考】后的问题。

1. 小米回到自己的房间给男朋友打电话，因为她不想让父母听见他们的谈话。

2. 有时小希会一个人跑到楼顶去练习弹吉他，这样别人就不会听到她的吉他声了。

3. 小倩走到佳佳面前说："奥运会今天要开始了。"

4. 小艺和翠翠是好朋友，她们每周六都会在商场里的某个地方碰面，可是她们说好了不让别人知道这个地方。

5. 阿宏和小亚在一个古老的山洞里探险，此时，有个大石块突然掉了下来，堵住了山洞的入口，阿宏和小亚惊慌地大叫，希望有人听到赶来救援，但是没有人听见他们的喊叫声，他们真的是陷入绝境了。

6. 莉莉拿到成绩单之后，发现数学成绩不及格，她悄悄地把成绩单藏了起来，不想让朋友知道这件事。

【请思考】

针对上述跟隐私权相关的事例，回答下列问题：

1. 为什么这个状况是跟隐私权相关？

2. 是谁想要保护隐私？

3. 这个人想要保护的隐私事项是什么？

4. 这个人想保护的隐私，是不想让谁知道？

5. 你认为这个人为什么想保护隐私？

二、如何保护隐私权？

通常人们保护隐私的行为方式如下。

独处：一般人可能会找机会让自己独处，也就是远离其他人。例如，把自己单独留在房间里，或者搬到偏远的地方去居住。

保密：一般人可能希望对某些事保密，也就是说，他们可能不把这些事情告诉别人。例如，你和你的朋友可能对周末计划保密，或者说好不把你们看到或做过的事情说给别人。一般人会对收入或负债等事项保密。

在信赖关系中分享秘密：如果有人把自己的私人信息与他人分享，并相信这个人不会告诉别人，这就是在信赖关系中分享秘密。例如，你可以将秘密告诉朋友、亲戚或心理咨询师，并确认他不会把这个秘密告诉别人。通常私下告诉医生、律师、心理咨询师等职业人士的信息，都会被视为在信赖关系中分享的秘密。

排除在外：一般人可能会用把他人排除在外的方式，来保护隐私或秘密。例如，你可以不让他人窥探你的钱包、衣柜、房间、住宅，以此来保护隐私。有些政府部门也会明令禁止未经许可的人员进入某些建筑或军事基地，以保护私密性。

【深入探究/练习】

辨识普通人如何保护隐私。

下面材料是改编自马克·吐温（Mark Twain）的《汤姆历险记》（*The Adventures of Tom Sawyer*），请在故事中找出人物保护隐私的不同行为方式，并回答【请思考】之后的问题。

汤姆历险记（片段改编）

有一天晚上，汤姆和哈克在广场上时碰到罗宾森医生带着波特和乔，想要盗取威廉先生的坟墓。他们走近时，汤姆和哈克躲到一棵大树的背后，以免被发现。罗宾森医生等人挖出威廉先生的尸体时，波特和乔要求罗宾森医生付给他们比原先说好的更多的钱。乔告诉罗宾森医生，他们之前还有一笔旧账未清。

“五年前的某一天晚上，我到你父亲的厨房去讨一点吃的，可是却被你赶出来，你还说我到那里一定没什么好事，结果你父亲就把我当作流浪汉关进了牢房里。当时我发誓，就算花上一百年，我也要把这笔账讨回来。你以为这件事我已经忘记了吗？现在我可逮着你了，你得设法补偿我！”

这时，乔已经把拳头举到罗宾森医生面前，做出威胁的样子。罗宾森医生突然出手，把乔压倒在地，一旁的波特丢掉手里的小刀，高声叫道：“喂！别伤害我的同伴！”转瞬，波特和罗宾森医生两个人又扭打在一起了，他们用尽全力拼得你死我活，践踏着脚下的草地，激得泥土四处飞扬。乔从地上一跃而起，双眼冒火，抓起波特的小刀，蹑手蹑脚地来到两人旁边，绕着扭打的两个人打转，想要伺机而动。忽然，罗宾森医生从波特手里挣脱，拿起沉重的墓碑，朝波特用力一击，波特应声倒地——就在同一时间，乔紧抓住这个时机，把小刀用力地插进罗宾森医生的胸口，刀刃没入直至刀柄。罗宾森医生扭曲挣扎了一下，倒在波特身上，血如泉涌流到波特身上。此时，乌云遮月，掩饰了这个可怕的景象，躲在大树背后的两个男孩看到这一幕，吓坏了，赶紧趁着黑暗逃离了现场。

波特醒来以后，乔骗他说："你杀死了罗宾森医生。"

汤姆和哈克朝着村子狂奔，害怕得说不出话来，偶尔焦虑地回头张望，生怕有人会从背后追上来。一路上有什么风吹草动，他们都会以为是敌人出现了，紧张得屏住呼吸。经过离村子不远的几间小茅屋时，几只被惊醒的看门狗对着他们狂吠，更让他们加快了脚步。

"我们能在彻底崩溃之前回到废弃的皮革厂就好了！"汤姆趁着急促换气的空档，勉强低声挤出这句话，"我可能撑不了多久了。"哈克只能重重地喘着气，什么话也答不出来。他们把目光瞄准废旧皮革厂，一鼓作气往前飞奔。渐渐地接近目标了，最后两人一起冲进开着门的皮革厂，有了厂内的黑暗庇护，筋疲力尽的他们发自内心地感激。渐渐地，两人的心跳终于稳定下来，汤姆低声地说："哈克，你觉得接下来会怎么样？"

"假如罗宾森医生死了，我看就会有人被吊死。"

汤姆想了一下，然后说："谁会泄密？我们吗？"

"你这是什么话？万一出了什么状况，乔没有被吊死，那他迟早要来杀我们，这是一定的事情！"

"我也是这样想的，哈克。"

"就算有人要说，也让波特去说好了，如果他笨到会去说的话，不过他通常都醉得不省人事。"

汤姆什么话也没说，他还在思考。没多久，他又低声说："哈克，波特又不知情，他怎么说？"

"他为什么不知情？"

"因为乔动手的时候，他刚好被打昏了。你认为他看到了吗？你认为他知道发生了什么事吗？"

“没错，就是这样，汤姆。”

汤姆又静静想了一下，然后说：“哈克，你确定你能守得住秘密吗？”

“汤姆，我们一定要守住这个秘密，你知道，假如我们走漏了风声，而那恶魔又没有被吊死的话，他要杀死我们俩就像弄死两只猫那么容易，你看着……汤姆……我们发誓……我们一定要这样做……发誓不把这个秘密说出去。”

“我同意，这样做最好，你能不能握着手发誓？我们……”

“噢，不，这样不行，对一般小事来说这样做是够了，可是书上写了，碰上这样的大事，一定要用鲜血。”

汤姆打心底里赞成这种说法，当时四周深沉、黑暗而恐怖，这个时间、这个场景，还有四周的环境，全都配合着立誓的气氛。他捡起月光下一片干净的松木板，从口袋里掏出一小段红笔，就着若隐若现的月光开始用力地画线，写到每个向下的线条时，都用牙齿含着舌头格外用力朝下慢慢画，碰到向上的笔触时，就稍微放松力量：“哈克与汤姆在此发誓，将保守此秘密，万一泄密，就会不得好死，尸骨无存！”

哈克对汤姆写字的能力以及高尚的用语充满了敬佩，汤姆把缠绕在针上的线头拉开，两个人都伸出大拇指，用针头在指尖上刺出一滴血，在挤了好几次之后，汤姆终于用拇指当笔尖，签下了自己名字的第一个字母，然后教哈克签下他的名字的第一个字母，整个誓约就算完成了。他们一面以阴郁的语气，就像某些仪式，喃喃念着咒语，一面把松木板埋在墙边，这样他们的舌头就像是被锁住了，钥匙也被丢弃了。

“汤姆，”哈克小声说，“这样我们是不是就永远不会说出去了……永远永远？”

“当然是！不管发生什么事情，我们一定要保守秘密，不然我们就会不得好死，知道吗？”

“我知道。”

【请思考】

分组讨论，回答下列问题，归纳出保护隐私的不同方式的思考工具。

1. 在《汤姆历险记》中，谁想保护隐私或保守秘密？

2. 他们想保守什么样的秘密？

3. 他们想保守的秘密，是不想让谁知道？

4. 他们采取了哪些行为来保守秘密？

5. 这个故事中有哪些情形属于希望保护隐私的事项？它们分别属于下列哪种行为方式：独处、保密、在信赖关系中分享秘密，还是排除在外的事例？

三、影响隐私行为的因素

每个人都有自己的隐私，每个人的隐私有可能都是不一样的。而每个人采取的保护隐私的行为也不一样。为什么每个人的隐私都是不一样的呢？因为生活中有各种不同的因素，会导致人们的隐私行为出现差异。以下是一些影响个人隐私行为的典型因素。

1. 家庭：家庭环境可能会对人的隐私行为造成影响。

例（1）：在小星家里，没有人会提起二叔的往事，因为二叔曾多次犯法，入狱服刑。

例（2）：晓雨和父母及六个兄弟姐妹一起住在仅有两个房间的公寓里，晓雨很喜欢画画，但她在家很难专心作画，因为她的家人总是在旁边。因此，她常常跑到公园去画画，她的梦想是以后能有自己的房间，让她在里面独自、尽情地画画。

2. 职业或角色：不同的职业或角色其隐私也不同。

例（1）：小智是一个知名的演员，以扮演“中学生”的角色而广受欢迎。不过，他已经超过二十岁了，继续扮演“中学生”越来越困难。因此，小智不想让人知道他的真实年龄，他希望大家觉得他还小。

例（2）：李岩在国防部门负责极其机密的工作，她必须保守国家机密，甚至不能和儿子或最亲密的朋友讨论她的工作。

3. 个人经验：一个人过往的经验可能会影响他的生活方式，导致所要保护的隐私不同。

例（1）：有一位深受晓勇信任的朋友，把晓勇爱慕菲菲的事情告诉了全班同学，让晓勇感觉到非常难堪。虽然时隔多年，晓勇还是很难再信任别人，很难再跟别人分享内心的感受，即使是最好的朋友。

例（2）：小青的家人总是把问题拿出来公开讨论，小青长大以后，几乎没有什么事不能和朋友讨论。

4. 保护隐私的机会：生活中是否有机会来保护个人隐私也会影响到人们的行为。

例（1）：小诗在一个偏远的农场里长大，她们家跟最近的邻居也相隔一公里以上，而开车到最近的小镇则需要半小时。她喜欢离群索居住在农场，空闲时她就研究电脑，后来她成为一名电脑专家。听说大城市有很多工作机会，她决定搬到大城市生活。后来她进了一家大公司，表现十分优秀，多次获得升迁，被委以重任，薪水也很高。可是她对都市的人群和噪声，一直无法适应，经过深思熟虑，她决定辞掉工作，搬回父母的农场，这样她就可以和家人一起过着不受打扰的生活。

例（2）：乔治·奥威尔（George Orwell）在《1984》这本书里，描述了一个特殊的社会。在这个社会里，每个家庭中都有一种特殊的“电视屏幕”，政府可以通过它监视、监听每个人的一言一行。书中主角史密斯发现一家商店楼上的小房间里，没有这种电视屏幕，虽然那个房间很小，又破又旧，但对史密斯来说，却宛如天堂。

5. 对隐私评价的不同：个人、家庭或其文化背景对隐私评价的不同，可能形成不同的隐私行为。

例（1）：中世纪的欧洲，人们在路边就能“上厕所”，并不在乎是否会被他人看见。

例（2）：某些国家的人认为，小孩从出生起就应该有自己的房间。

6. 其他相对重要的情况：即使人们已高度重视隐私，在某些特定的情况下，也许会有比隐私更重要的事。

例如：在马克·吐温所写的《汤姆历险记》这本书里，汤姆和哈克彼此发誓，绝对不会把看到谋杀案的事情对外透露，可是后来汤姆认为无辜者不应该被判处死刑，因此决定出庭作证，解救那个被控谋杀罪的人。

7. 人与人之间的个体差异：个体的差异会让人们在面对与隐私有关的

问题时，反应、选择也有所不同。

例如：小明和小丰都是高中生，他们俩都有很多朋友，而且都很喜欢和朋友聊天。小明几乎什么事都可以告诉朋友，但是小丰有些事就不会说。有一次，有人偷听到小明正在和最好的朋友聊天，小丰问小明，这件事会不会让他感到困扰，小明回答："不会，对我来说，能和最好的朋友聊天很重要，就算有人偷听到我们说的话，也没有什么大不了，我没有什么秘密需要隐瞒。"

【深入探究/练习】

分组讨论，找出跟隐私权有关的问题。

1. 为什么一个人的家庭环境与过往经历，会对他/她的隐私行为产生影响？

2. 一个人为什么会因为职业或角色的关系而必须保守某些秘密？

3. 为什么价值观的不同，会造成人们隐私行为的差异？

4. 为什么保护隐私的机会不同，会造成人们隐私行为的差异？

第二节　初中段：享有权利的益处和代价

课程目标：以隐私权为例讨论享有权利的益处和代价，了解享有权利的同时也要付出代价；学会衡量享有权利的益处和代价。

关键词：益处；代价；独特性；创意

一、辨识保护隐私的影响

下面几种情形均涉及对隐私权的保护，每种对隐私权进行保护的行为都会产生影响，这些影响都可分为益处和代价。

例 1：有的国家在近代，会使用一种政府官员签发的搜查令，凭着这个搜查令就能进入居民家中进行搜查。但是现在这种政府官员签发的搜查令已经成为历史了，取而代之的是法官签发的搜查令。警察如果想入户搜查，必须得有充分的理由，让法官相信在特定的地点，可能找到特定的犯罪证据，才能够取得法官签发的搜查令，搜查令上会详细载明可以搜查的地点以及要逮捕的人或者要扣押的物品。

例 2：我们常常在电视新闻上看到，警察搜查犯罪嫌疑人的住所，出现犯罪嫌疑人的画面时，会加上马赛克。

例 3：学校会针对每个学生做记录，班主任老师会在档案中写下对每个学生的评语，这些资料通常都会保存在校长室或档案室，只有班主任、辅导老师、行政人员或学生的父母才可以查看这些记录。

例 4：根据大多数国家的法律，律师原则上不能把客户的信息及案件情况泄露出去。

例 5：小倩的祖父过世时，小倩在家里哭了又哭，可是她从来都没有在学校里表现出自己的感受。当小倩的朋友问她究竟有何心事时，小倩只是摇摇头，什么也不说。

二、保护隐私权的益处

不同的情形会涉及不同人的隐私，也会带来不同的影响。有些影响是益处，有些则是代价，那么，保护隐私权会有哪些益处？

自由：保护隐私能使人们自由地思考和行动，不会受到他人的影响或控制。这种自由可以让一个社会避免陷入极权主义，也就是由一名独裁者或一个执政党完全控制的状态。例如，人们在家的时候，可以跟家人、朋友畅所欲言，谈论他人可能不会欣然接受的想法与信念。而和家人朋友聊天，可能会激发出一些新的观点和想法。

安全：如果人们尊重彼此的隐私，就会在个人、家里、信念与人际关系上感觉到安全。如果朋友能够尊重我们的隐私，他们就不会在我们想要独处时来打扰，或是泄露我们的想法或意见，让我们感到难堪。

保护经济利益：保护隐私能让人们的想法、计划、发明，以及达成目标或制造产品的方式得以保密，这有助于开创与推销新产品，以及与他人竞争。例如，你设计了一件 T 恤，而且觉得这件 T 恤会很畅销，能够赚大钱，那你的这项设计就要保密，直到真正做出 T 恤，可以上市销售，这样才能防止他人剽窃你的创意。

独特性：缺少隐私，很容易被要求跟大家做一样的事情，可能会让一个人无法形成自己独特的价值观、信念和想法。例如，生活在一个大家庭，或是一个团体中，常常会缺乏隐私，让人觉得必须接受整个团体，或是团体领袖所认为正确的信念与行为。

创意：对于富有创意的想法或工作，保护隐私可能是必要的。例如，你在写一篇故事，而有人在你背后看着你写，你可能会觉得那个人在当评审，担心他对你的故事会有什么样的想法，又或者有人在旁边讲话提问，这些状况会让你很难专心。

亲近感：人与人之间想培养温暖而亲近的关系，就一定要有隐私。例如，除非有独处的机会，否则人们不太可能与他人培养亲密的友谊，以及分享内心最深处的想法与感受。

【深入探究/练习】

审视保护隐私的益处。

思考并回答下列问题，举例说明或解释你的看法。

1. 你认为人与人之间要培养亲密的关系，保护隐私是不可或缺的吗？为什么？

2. 在学校或社区里，有哪些事情会被要求和大家一样？为什么保护隐私可以让我们摆脱这些压力，并且能够发展自己的想法、感受与生活状态？

3. 如果不能保护跟自己相关的隐私，或者想独处时，别人不尊重你的意愿，你会有什么样的感受？

4. 为什么保护隐私可以帮助我们展现创意？

三、保护隐私的代价

孤独与疏离：过度保护隐私可能让我们与其他人疏远，会感到孤独，与他人关系恶化。例如，有人独自生活，很少与他人互动，这种独处的状态，会让这个人在和他人互动时感到不自在。

缺乏激励与难以增长知识：人们可以在与他人的互动中修正自己某些错误想法，同时吸收一些新的观念。过度保护隐私可能有碍意见交换，让我们无法从他人身上学习。例如，有人从来不跟别人讨论自己的想法，很难察觉自己想法上的错误，这样的人也很难学习新的观念。相对地，别人也永远无法从他们的见解与提供的信息中获益。

品行不端和目无法纪：保护隐私会让非法行为不被发现，犯罪的人逃脱处罚。例如，有些隐秘的地方，不会被人发现，有人就会到这些地方犯罪，或者隐藏他们犯罪的证据。

经济损失：保护隐私可能会提高处理某些事情的成本，带来经济损失。例如，一个家要隔离出好几个房间，以保障隐私，所需要的成本比只要一个大房间高很多。

缺乏责任感：保护隐私让人可以在不被他人看见的情况下做事。正因如此，如果事情出了差错，可能无法知道谁该负责。例如，缺少旁人的监督，有人可能会在工作上投机取巧、考试时作弊，甚至盗窃等。这些事情可能一直没人发现，或者永远也无法证明该由谁负责。

【深入探究/练习】

审视保护隐私的代价。

分组讨论，回答问题，并举例说明或解释你的观点。

1. 过度保护隐私，会不会对你的创意发展造成影响？请详细说明。

2. 为什么过度保护隐私会产生一些问题，让人无法与他人发展友谊或建立关系？

3. 为什么保护隐私可能提高处理某些事情的成本？

4. 你是否认为保护隐私会让有的人犯罪却不容易被逮捕？为什么？

5. 你是否认为保护隐私会让某些事情更难找到该负责的人？为什么？

四、权衡隐私的益处与代价

在处理关于隐私的问题之前，最重要的是评估隐私的益处与代价。我们必须判断，有哪些隐私的影响对我们较为重要。隐私的益处是否大于代价？还是我们认为隐私的代价已经超过了益处？

对于在某种特定情况下保护隐私，到底是利大于弊还是弊大于利，每个人的看法可能会不同。就拿校园储物柜的事例来说，大家都会认为设置校园储物柜可以保护学生的个人财产和隐私，但是大家也会认为设置校园储物柜可能会让老师处理校园违禁品的事情受到影响，因为很多违禁品就藏在学生的柜子里。有些人或许会认为，就这项规定而言，保护学生的财产和隐私利大于弊，但也有人会认为，此举代价远超益处。因此，在处理跟隐私有关的问题时，权衡其中的利弊是很重要的。

【深入探究/练习】

犯罪与保密。

阅读故事，分组讨论，并回答之后的问题。

校园失窃事件

几个月来，某高中经常发生储物柜失窃案。老师、保安和警察都出动了，但还是无法破案，而且这类盗窃事件几乎每天都在发生，大家都在猜测小偷是谁，可是谁也没有确凿的证据。

有一天，小白下课后来找陈老师谈话，他很喜欢陈老师，并且信任陈老师。

“小白，有什么事吗?”陈老师问。

“陈老师，我有个问题想听听您的建议，但您要先答应我，不要把这件事告诉任何人。”

“好的，小白，放心，凡是学生私下告诉我的事情，我都不会告诉别人的。”

“陈老师，这个大问题，是关于最近校园里发生的盗窃事件的。”

“你是不是知道些什么?”陈老师的声音里透露出一丝担心。

小白盯着地板看了好一阵子，重重地咽了一下口水，才继续往下说：“昨天我上完体育课，正在换衣服，听到几个人讲话，他们以为旁边没有人。从这几个人说话的内容判断，他们就是偷东西的人。因为他们还在商量接下来要去偷哪个位置的柜子。”小白停了一下，接着说：“这时，我手里的运动鞋突然掉到地上，可能是我太害怕了。他们的身材都很高大，应该是高年级的学生，而且他们一听见声音，就向我走来了，我假装没有看见他们，立马走了。我不知道该怎么办，我怕把这件事讲出去他们会来找我的麻烦。”

陈老师仔细看着小白，他知道小白很害怕。小白知道东西是谁偷的，就算小白不知道他们的名字，只要看见他们，他还是能认出来，而且说不定只要查看学校的档案照片，小白就能指认出他们。

小白很为难，陈老师也很为难。如果盗窃行为能够被阻止，校园里每个人都会松一口气，但是，陈老师已经答应，不把小白告诉他的事情说给任何人听，当他承诺这件事的时候，他并不清楚小白要告诉他的事情有多重要。

现在，陈老师和小白只能沉默地看着对方，都不知道如何是好。

【请思考】

1. 请写出如果陈老师和小白继续保密，可能会产生的一些影响（4～5项即可）。

2. 在你写出的影响后面，你认为是益处的请标注“＋”，你认为是代价的请标注“－”。

3. 你认为在这种情况下陈老师应该怎么办？小白应该怎么办？联系你刚写下来的益处与代价，论述自己的观点。

五、政府部门是否有隐私？

政府部门是否应该保有隐私，其实是政府信息是否应该公开的问题。要判断政府信息是否应该公开，同样需要考虑益处和代价，因为立场不同，看法也会不同。

阅读下面的故事，可以学习评估政府保密带来的影响。

睡得香安眠药

睡眠不佳的人只要走进社区医院，都可以买到一瓶“睡得香安眠药”。生产安眠药的睡得香制药公司声称，顾客只要在睡前服用两片“睡得香安眠药”，就能一觉睡到天亮。

“睡得香安眠药”刚上市的时候，非常畅销，大家都很愿意尝试这个可以让他们一夜好眠的产品。可是，很多人服用这种药片之后，第二天早上醒来就会有头痛的症状，于是就有人向食品药品监督管理局投诉。

食品药品监督管理局是政府的一个行政部门，其职能就是对食品、保健品、化妆品、药品进行安全管理和监督，保护民众不会受到有毒有害食品或是有毒、有害、无效药品的影响，执行监管法律就是食品药品监督管理局的责任。食品药品监督管理局为了履行职责，必须进行科学检测，以判断哪些食品和药物可能有害。

食品药品监督管理局一收到关于“睡得香安眠药”的投诉，立刻进行了一连串的检测，以确定这种安眠药是不是会导致服用者头痛。

当食品药品监督管理局对某项产品进行检测、确定这项产品是否有害时，一般不会向社会公布是哪一种特定食品或药品正在接受检测。这类调查需要保密的原因之一，是即使确认这项产品并没有害处，公众也可能不愿意再购买，对企业和商家都会造成经济损失。

食品药品监督管理局对“睡得香安眠药”进行检测好几个月之后，民众听到了食品药品监督管理局调查这个药品的一些传闻。有些人尝试向食品药品监督管理局申请信息公开，想知道这些传闻是否为真。食品药品监督管理局表示，根据《政府信息公开条例》，他们无须向大众透露，某项产品是否正在接受调查。

【模拟听证会】

就该事件举行模拟听证会。分组进行角色扮演学习如何评估政府保密带来的益处和代价。

第一组：希望药物安全的民众。

第二组：睡得香制药公司。

第三组：医师协会。

第四组：食品药品监督管理局。

第一组、第二组、第三组应该：

1. 把食品药品监督管理局在上述情况下决定保密的益处与代价逐一列出。

2. 确认你们所代表的组织是支持还是反对食品药品监督管理局的处理方式。

3. 准备一段简短的报告，说明你们代表的组织认为食品药品监督管理局所做的处理是对还是错。如果你们支持食品药品监督管理局的处理方式，请说明这个处理为何利大于弊；如果你们反对食品药品监督管理局的处理，请说明这个处理为什么弊大于利。

4. 每组选出 2～3 位发言人，向食品药品监督管理局阐明自己小组的立场。

代表食品药品监督管理局的学生将扮演听证会中的政府官员，在其他小组成员报告的时候，这组成员应该向各组的发言人提出一些问题，同时选出一位担任主席，负责主持听证会。

当所有组都说明自己的立场后，代表食品药品监督管理局的小组，应该针对不向大众披露某产品正在接受调查的情况，可能产生的最好与最坏的结果进行论述，然后，该小组（或全班同学）投票表决是否支持食品药品监督管理局的处理。最后，全班同学总结此次活动，讨论在选择、论证隐私和其他相关问题时，权衡考虑利弊得失的作用。

第三节　高中段：权利与公益的冲突

课程目标：了解有助于处理隐私权问题的思考工具，能够说明这些思考工具是如何发挥作用的。

关键词：财产；政府信息公开；同意；法律义务；道德义务

权利的范围和限制问题，是每一个公民面临的最重要的问题之一。哪些事情是允许保密的？什么时候我们需要牺牲自己的权利，向其他价值让步？当有人希望就某些事情保密的时候，可能会有人宣称自己有权知道这些信息，有权管制或干涉某个人、某团体的自由，那么这种时候权利与公益的冲突问题就会出现。

仍然以隐私权为例，某些情况下，保护隐私权是合理且公平的。但是在有些情况下，其他价值和利益可能比隐私更重要。运用思考工具（包括概念和程序），将有助于评估、选择和论证针对隐私的范围和限制问题的某些观点。

一、政府在什么时候可以侵犯公民的隐私权?

很多国家都会在宪法当中规定，公民的人身自由不受侵犯，例如我国，宪法中明确规定，“任何组织或者个人不得以任何理由侵犯公民的通信自由和通信秘密”“禁止非法拘禁和以其他方法非法剥夺或者限制公民的人身自由，禁止非法搜查公民的身体”“公民的住宅不受侵犯。禁止非法搜查或者非法侵入公民的住宅”。这些条款都是宪法对隐私权的直接保护，然而，关于怎样算是“非法”，却不是那么容易达成共识的。

宪法对隐私权的保护并不是绝对的，在某些特定的情形下，政府被允许进入私人住宅，例如，为扑灭火灾，消防人员能够进入住宅；为了阻止正在发生或即将发生的犯罪行为，警察也可以进入私人住宅。此外，如果警方有充分的理由说服法官，在房子里可以找到犯罪证据，并取得法官的搜查令，那么警察也可以进入私人住宅；如果事先得到房屋主人的同意，政府工作人员也能进入私人住宅。

但是在住宅之外，人们对隐私权的保护可能就没那么高的期待了，一位警察如果发现了某些可疑的迹象，不需要取得搜查令就可以制止并询问当事人，但他不能任意地或者仅凭直觉就拦住某个人进行盘问或检查，政府人员的行为必须合理合法。

【深入探究/练习】

辨识相互冲突的价值与利益。

阅读下文，思考其中相互冲突的价值与利益，以及我们如何在这些价值和利益中做出选择。

大宝的权利

大宝是我国公民，享有我国公民应有的一切权利。隐私是他生活当中十分重要的一部分，享有隐私权意味着他在家里很安全；在选举的时候能采用不记名的方式投票，而且他可以思考任何事情，不用担心政府会强迫他接受政府的观点。如果没有隐私权，大宝和所有其他公民的自由都将大打折扣，想要形成自己独特的个性也会很困难。

但大宝现在被怀疑涉嫌组织黑社会犯罪，涉及一起几百万元的盗窃案，甚至还被怀疑跟几起谋杀案有关，警察希望获得真相。但是要查明真相，警察就必须取得有关大宝从事各项活动的信息。由于每个人都有隐私权，所以，警察的侦查工作变得十分困难。

【请思考】

1. 上述情况中，有哪些价值与利益跟隐私权是冲突的？

2. 在“保护隐私权”和“保护其他价值”之间是否必须进行取舍？

3. 有些规则和制度可以用来决定某人何时应该对保护隐私权让步，以彰显其他价值，为什么设立这类规则或制度很重要？

二、有助于权衡隐私权争议的思考工具

隐私可能会跟其他重要的价值和利益产生冲突。例如：保护隐私的目标与执法的目标往往会有冲突，而人们对于如何解决这种冲突，看法可能并不相同。以下是一些在决定如何解决与隐私权有关的冲突时应该考虑的因素。

1. 同意：当事人是否同意自己的部分隐私权受到了侵犯？

例（1）：警察要搜查某人的汽车或住宅，而当事人也允许他们这样做，这就意味着同意搜查。

例（2）：乘坐飞机的人都知道，在登机之前他们必须通过金属探测器的检查，同时随身携带的行李也要经过 X 光检查。因为乘客事先知道要进行安检，可以选择不搭乘飞机以避免自己的隐私权受到侵犯，所以，如果乘客坚持乘坐飞机，可以认为乘客已经同意接受安检。

例（3）：选举产生的政府官员都明白，他们过去的履历和经历都会被披露。由于他们可以选择不担任公职，以避免这种隐私权受到侵犯的情况，所以，如果官员坚持参加选举，可以认为他们已经同意向公众披露有关信息。

2. 合法性：要侵犯别人隐私的人是否拥有某种合法权利（一种由法律确认的权利）？

例（1）：一张由法官签发给警察的搜查令，赋予了警察对搜查令中描述的地方进行搜查的合法权利。

例（2）：海关人员有权搜查任何入境者。

例（3）：《政府信息公开条例》赋予公民获取政府信息的权利，除非信息中包含国家机密。

3. 法律义务：一个人是否有法律上的义务去保护其他人的隐私？

例（1）：《民法典》第一千二百二十六条规定，医疗机构及其医务人员应当对患者的隐私和个人信息保密。泄露患者的隐私和个人信息，或者未经患者同意公开其病历资料的，应当承担侵权责任。

例（2）：甲乙双方签订合同，承诺对某些信息保密，该合同就产生了一种约束双方不得泄露信息的法律义务。

4. 道德义务：一个人是否有道德上的义务要去保护其他人的隐私？

例（1）：承诺保守秘密的人通常有道德义务，不向任何人透露秘密的内容。

例（2）：医生有道德义务不泄露病人的病历信息。

例（3）：律师有道德义务不泄露有关当事人的私密信息。

【深入探究/练习】

审视相互冲突的价值与利益。

阅读下列案例，结合前述思考工具，分组讨论并回答【请思考】之后的问题。可以运用这些问题的答案，解决这个案例中与隐私权有关的冲突。

搜　查

某天傍晚，有三名警察来到莫奇的家，他们手中握有一张经检察院批准的逮捕证，要以涉嫌盗窃的罪名逮捕莫奇。这三名警察敲开门，向莫奇的妻子说明自己的身份，并问莫奇的妻子能不能让他们进入屋子，莫奇的妻子同意了。三名警察在屋内等了十五分钟，莫奇才下班回来。莫奇一进门，警察就向莫奇出示了逮捕证，同时要求莫奇让他们在屋里“四处看一下”。因为没有看到搜查令，莫奇拒绝了，可是这三名警察却坚持要在屋子里进行搜查。

于是，在莫奇的妻子陪同下，三名警察搜遍了莫奇的屋子，包括卧室、阁楼、车库等。在搜查主卧的时候，警察要求莫奇的妻子把抽屉都打开，还把东西移来移去，以便查找是否有偷来的物品。搜查结束之后，警察带走了几样东西，其中多半是珠宝、项链、戒指，还有一些其他物品，整个搜查持续了近一小时。

【请思考】

1. 莫奇夫妇是否同意让警察搜查他们的房子？请说明理由。

2. 警察是否有权搜查莫奇夫妇的房子？为什么？

3. 警察是否有法律义务，不得搜查莫奇夫妇的房子？为什么？

4. 警察是否有道德义务，不得搜查莫奇夫妇的房子？为什么？

三、分析隐私权争议的程序

以上是一些有助于厘清隐私权问题的考虑因素，在权衡隐私权争议的时候，除了要考虑以上四个因素，还需要一定的程序或步骤，来评估、选择、论证自己的观点和立场。需要注意的是，每个步骤中的对象可以是一个人，也可能是一个团体或公共机构，例如学校或政府机关。

1. 找出要求保护隐私的对象。找出某个需要隐私的对象，以及他（她）希望保密的事项。这件事要如何保密？他（她）希望对这件事保密的原因是什么？

2. 找出要侵犯他人隐私的对象。找出反对保护上述隐私的对象，提出反对保护这项隐私的理由，描述以上第一人的隐私会受到怎样的侵犯。

3. 研究相关考虑因素。在有关隐私的冲突中，考虑相关的或对冲突产生影响的因素，例如同意、合法性、法律义务、道德义务。确定如何将这些考虑因素运用到冲突的具体情况中。

4. 评估处理问题的备选方案。想想可以解决这一问题的不同方式，其中可能包括承认第一人对隐私的要求或拒绝这一要求及两者的折中方案。在思考这些可选方案时，一定要找出每个预选方案的利弊得失并进行评估。

5. 选择和论证自己的观点。选择一种你认为解决这一冲突最好的方法，并对自己的选择做出解释。

【深入探究/练习】

运用思考工具形成自己的观点。

分组讨论，运用上述分析隐私权争议的程序思考“莫奇案”并回答问题，每组都应该详细说明自己的观点和立场。

（一）找出要求保护隐私的对象

1. 在“莫奇案”中，谁的隐私权受到了侵犯？

2. 莫奇想要保护什么样的隐私？

3. 莫奇可以用什么方式来保护这项隐私？

4. 莫奇为什么想要保护这项隐私？

（二）找出要侵犯他人隐私的对象

1. 谁想限制或侵犯莫奇的隐私？

2. 警察如何限制或侵犯了莫奇的隐私？

3. 警察为什么想搜查莫奇夫妇的家？

（三）研究相关考虑因素

1. 莫奇或莫奇的妻子同意警察搜查他们的房子吗？请说明理由。

2. 警察有权搜查莫奇夫妇的房子吗？为什么？

3. 警察是否有法律义务，不得搜查莫奇夫妇的房子？为什么？

4. 警察是否有道德义务，不得搜查莫奇夫妇的房子？为什么？

（四）评估处理问题的备选方案

1. 承认莫奇的隐私权会有哪些益处和代价？不承认莫奇的隐私权又有哪些益处和代价？

2. 警察还可以用哪些方式来搜集证据起诉莫奇？这些方式各有什么益处或者代价？

（五）选择和论证自己的观点

针对这个案例中与隐私权相关的问题，你会采取什么样的立场？请说明理由。

隐私权问题思考工具表

问题	答案
1. 找出要求保护隐私的对象 ●在这个案例中谁声称自己的隐私权受到了威胁？ ●他们想要保密的内容是什么？ ●他们可以怎样将这件事保密？ ●他们希望保密的原因是什么？	
2. 找出要侵犯他人隐私的对象 ●谁要限制或侵犯他人的隐私？ ●他们怎样侵犯了他人的隐私？ ●为什么他们要侵犯他人的隐私？	
3. 研究相关考虑因素 ●第一人是否同意自己的隐私被侵犯？ ●侵犯他人隐私的人是否有合法权利这么做？为什么有？为什么没有？ ●侵犯他人隐私的人是否有法律义务不这么做？为什么有？为什么没有？ ●侵犯他人隐私的人是否有道德义务不这么做？为什么有？为什么没有？	
4. 评估处理问题的备选方案 ●认可第一人对隐私的要求会带来什么利弊得失？ ●拒绝他们对隐私的要求会带来什么利弊得失？ ●要侵犯他人隐私的人可以运用哪些方法来搜集信息？ ●这些方法的利是什么？ ●这些方法的弊是什么？	
5. 选择和论证自己的观点 ●你认为这个问题应该如何解决？解释你的观点。	

第五章　责任课程的一体化教学

本章要谈的是责任和承担责任的重要性，以及人们该如何面对各种责任的问题。每个人的生活中，不论是在家里、学校还是在社区、公司，都会遇到有关责任的问题。

该如何面对各式各样的责任问题？本章将从两个角度告诉学生如何处理责任问题：第一，什么人必须对做某件事或不做某件事负责；第二，当一件事情发生后，如何决定该由谁负责。本章将引导学生学习审视并解决责任的问题，以及运用“思考工具”来寻找解决问题的方法。

第一节　小学段：初识责任

课程目标：了解责任的重要性；知道责任的来源；能够分辨不同情况下的各种责任；知道在某种情况下谁对谁应该承担责任。

关键词：责任；义务；契约；同意；分配；任命；职业；风俗习惯；公民准则；道德标准；有意识的选择

一、什么是责任？

每个人都担负着各种责任，“责任”究竟是什么意思呢？

1. 责任是有义务去做某件事，或是用某种特定的方法做某件事。如：

（1）小学生有上学的义务；

（2）学生有完成作业的义务；

（3）每个人都有尊重他人的义务。

2. 责任是有义务不去做某件事，或不用某种特定的方法做某件事。如：

（1）学生在考试的时候有不作弊的义务；

（2）遛狗的时候，狗主人有看护狗并且不让狗乱跑伤人的义务；

（3）每个人有尊敬父母、善待父母的义务。

二、对谁负责？

无论是在家庭、学校还是社区，每个人都必然要跟其他人相处，所以彼此会互有责任。

1. 每个人对自己的家人都负有责任。如：

每个人都有责任保持家中整洁，有责任对自己的家人好。

2. 学生对自己的学校有责任。如：

学生有责任准时去上学，有责任保持教室整洁。

3. 每个人对自己所居住的社区有责任。如：

每个人都有责任在深夜保持安静，并且爱护公用电梯，这是对每一位社区邻居的责任。

4. 别人对我们有什么责任？如：

父母有责任给孩子提供住所和食物。

老师有责任教导学生。

【请思考】

1. 作为小学生，还有哪些责任？以列表的方式说明要对谁负这些责任。

2. 举例说明，别人要对我们负哪些责任。

【解决问题】

从以下故事中找出与责任相关的问题，并加以说明。

香香和爸爸

香香正在痴迷地看着福尔摩斯的电视剧，一连看了好几集！她感叹道："哇！福尔摩斯又成功了！说不定我以后也能成为他那样的大侦探。""你要是继续看电视，不好好学习，那这个梦想就很难实现。"香香的爸爸对她说。香香心不甘情不愿地走回书桌去写作业，换爸爸坐到电视机前看新闻了。爸爸说："了解世界上发生的大事是当市民的责任。"

第二天早上，香香跟爸爸一起吃早餐，她对爸爸抱怨道："爸爸，真希望你周六不用去上班。"

【深入探究/练习】

找出与责任相关的问题。

下面三种不同的情况都涉及责任问题，阅读这三个故事，回答【请思考】之下的问题。这三种情况将带领学生思考校园生活之外的责任，让学生意识到自己生活的圈子在不断扩大。

1. 在某个城市的深夜里，大多数的市民已经吃过晚餐，甚至已上床休息，路旁的商店也都打烊了。街道上突然传来哀求声："救命啊！放开我！"靠近路边的住宅窗户亮起灯光，有人透过窗户看到，一名持刀男子正在殴打一位妇女。"住手！"有人大喊。持刀男子抬起头来看了一下，没有人靠近，便继续拉扯妇女的皮包，而那位妇女拼命地想挣脱男子的挟持。居民们继续隔着窗户看着这一幕，持刀男子发现并没有人过来制止他，于是刺了这名妇女一刀，夺过皮包逃走了。最后，这名受伤的妇女倒在血泊中呻吟。

2. 李阿姨有一件心事，不知道该怎么处理。最近胡同里总是有人家丢东西，但她似乎知道嫌疑人是谁。昨天，她儿子带了几个朋友回家，其中一个叫小包的，扬扬得意地向大家炫耀他的新手表，说是别人送的。李阿姨认出那块手表就是前几天隔壁邻居家里丢失的东西。

3. 陈先生是区人大代表，他最近特别烦恼。因为区人大常委会计划制定一个新规，内容是辖区内所有涉及废气、污水排放的工厂都要强制搬离。陈先生作为区人大代表要去参与投票。有些选民希望他投反对票，因为这项新规一旦通过，就意味着辖区内很多居民将面临失业；有些选民希望他投赞成票，因为这部分人更希望有个良好的居住环境。陈先生不知道应该投什么票。

【请思考】

1. 在这几种情况中，哪些人担负着责任？

2. 这些人各担负了哪些责任？

3. 他们应该对谁负这些责任？

4. 这些责任从哪里来的？

5. 如果大家都担负起应负的责任，会有什么后果？如果该负责的人没有担负起责任，又会有什么后果？

三、责任的来源

在审视并决定要不要承担某项特殊的责任时，必须先讨论为什么人们必须负责任并知道责任的来源，也就是为什么会产生这项责任。

责任的来源很多，下面的例子可以说明一些常见的责任。

（一）承诺

当一个人对另一个人做出承诺，他就有责任或义务履行他所承诺的事情，也就是“说到做到”“言出必行”。有时候人们相互承诺的方式具备了一定的法律形式，成为正式的契约，但并不是所有的承诺都是那么正式。当承诺做出以后，就意味着答应或同意要承担某一个责任或义务。

例 1：小包向小克借 2000 元，他答应下个月一发工资就马上把钱还给小克。

例 2：小李跟房东签订了租期一年的房屋租赁合同。

（二）分配

人们有时候基于身份会分配任务给其他人。

例 1：老师分配班上同学在下周五之前读完指定学习材料并做读书笔记。

例 2：校长分配由六年级的罗老师负责维持餐厅的整洁。

（三）任命

有时候人们会被任命到某个职位以承担某些工作。

例 1：学校党委会任命康老师担任教务处处长。

例 2：市人大常委会任命王某担任市政府秘书长。

（四）职业

每一种职业或工作都有特定的责任。

例 1：客户都希望 4S 店的修车技师把自己的车恢复到“健康”状态。

例 2：法官审理案件，必须以事实为依据、以法律为准绳，公平公正地判决案件。

（五）法律

法律赋予社会上每个人一定的责任。

例 1：小贝从 7 岁开始，必须去学校接受九年制义务教育，到他初中毕业为止。

例 2：林老师每个月的工资都会按比例被扣掉一部分个人所得税。

（六）风俗习惯

有些责任来自风俗习惯，也就是社会上长久以来的传统或已经成为共识的标准，这些风俗习惯通常都会被人们所遵守。

例 1：人们去看电影的时候，要耐心排队等待进场。

例 2：受邀参加好朋友的生日聚会时，通常要带礼物。

（七）公民准则

身为一个国家的公民就必须承担一定的责任。

例 1：王先生是一名出租车司机，但是他时时刻刻都要听新闻，总是很关心每天国家发生了哪些事情。

例 2：杨女士在每年选举人大代表时都会去投票，因为这是身为公民的义务之一。

（八）道德标准

道德标准是指社会看待是非善恶的态度或标准。

例 1：每个人都应该尊老爱幼。

例 2：每个人都应公平地对待他人。

【深入探究/练习】

找出与责任相关的问题。

学生分组讨论，先分别回答下列问题，然后小组派代表跟全班分享各组的答案。这个练习旨在让学生加深印象，学会结合实际，运用思考工具。

问题一：就下列各项责任来源，举例说明一项现有的责任。

1. 承诺；

2. 分配；

3. 任命；

4. 职业；

5. 法律；

6. 风俗习惯；

7. 公民准则；

8. 道德标准。

问题二：根据上述责任进行思考。

1. 哪些责任可以自由选择是否要承担或不承担？

2. 哪些责任是你被要求必须承担的？

3. 有没有哪些责任是你自然而然、不假思索就已经在承担的，并没有特别经过有意识的选择或考虑？

问题三：上述责任中，你认为哪两项最重要？为什么？

问题四：你承担这两项最重要的责任会得到什么好处？如果不承担这些责任，你会受到哪些惩罚？

问题五：承担这两项责任有何重要性？如果人们都不承担这两项责任，会产生什么后果？

四、如何审视自己的责任？

几乎所有的责任都会带来奖励或惩罚。比如说，一个人对其工作负责，随之而来的奖励就是得到工作的酬劳，反之，如果对工作没有负责，则可能会被领导批评甚或扣减奖金、工资，这就是没有承担责任而遭受的惩罚。因此，在审视责任时，必须考虑伴随着责任的奖励和惩罚。

【深入探究/练习】

找出与责任有关的问题。

阅读材料，指出材料中包含的责任，填写思考工具表格中的项目，并在班级进行分享。

1. 以下是一份商品的质保说明书，从这份质保说明书中能看出生产商品的厂家需要承担哪些责任？购买者需要承担什么责任？

旋风牌抽油烟机　一年绝对保质

旋风家电公司保证消费者所购买的抽油烟机在材料及生产过程中绝无瑕

疵。消费者自购买之日起，享有一年的绝对保质期。在保质期内，旋风牌抽油烟机出现任何异常状况，旋风公司得视情况，更换整台机器或更换有瑕疵的零件。消费者只须将有问题的商品送交至当时购买的零售商处，或是送至任何旋风家电服务中心，并出示购买发票。本质保说明书保障消费者特定的合法权益，并不得排除《消费者权益保护法》所赋予消费者的其他一般权益。

2. 新当选的市长表态：新一届政府将以经济建设为中心，“真金白银”给予大家惠企扶持、惠民政策；要倾力打造高效实干的服务型政府，群众最关心什么，他就重点解决什么；要干净干事，主动向不作为开战、向不专业开战，把懒政怠政视作渎职，把推诿扯皮视作腐败，把更多想干事、能干事、干成事的干部推上舞台、推到群众面前，让只争朝夕、争先恐后成为常态。市民们无不期待新市长带来的新气象。

3. 法官和证人各有哪些责任？

A 法官是一名执业近二十年的老法官，他认为维持法庭秩序、尊重法律程序、公平主持审判是自己作为法官的职责。看着 B 先生走到证人的席位，A 法官心里隐隐有一丝担忧，因为他早就听说 B 先生是一位非常不配合的证人，而且在之前的侦查阶段 B 先生的证词就已经多次反复。待 B 先生落座之后，A 法官对 B 先生说：“B 先生，我先提醒一下，作为证人，你有义务如实地提供证言，客观、真实地反映案件事实，不得作伪证或隐瞒事实。请认真听取审判人员的问题，并如实、明确地回答，不得回避或含糊其词。同时应当遵守法庭的秩序和规则，不得扰乱法庭的正常审理程序。以上是否听清楚了？”

“听清楚了。”B 先生回答。

4. 学生和员工有什么责任？

小吴是某高中一年级的学生，他看到学校的宣传栏里有一则招聘启示：“便利店招聘兼职收银员，按小时支付报酬，有意者请电话联系。电话：1380851××××。”

这个便利店就在学校旁边，离得很近。小吴决定放学后要去应聘这个工作。之前他向父母借钱买了一辆变速山地车，如果他有工作了，就能赶快赚钱还给父母了。他希望每天放学后去工作两个小时，因为他还得花时间做家庭作业，而且每周二下午他还有钢琴课。

小吴和便利店老板面谈时，老板告诉他这份工作的职责为有礼貌地对待顾客、收银结账、帮助顾客寻找想要的商品、为顾客办理退换货品，以及有秩序地整理销售货物的单据。上班的时间可以略作调整，所以小吴每周二下午依然可以去上钢琴课，但是其他日子，小吴必须从下午四点半工作到七点。老板特别强调准时的重要性，因为在小吴上一个时段工作的员工是一位母亲，她必须准时下班才能接孩子放学回家。老板告诉小吴，只要他愿意就可以马上上班，工作的待遇是每小时 50 元。

检验责任问题的思考工具表

1. 哪些人有责任？				
2. 有哪些责任？				
3. 该对谁负责？				
4. 这些责任从何而来？				
5. 如何承担这些责任？				
6. 这些责任会带来哪些奖励和惩罚？				

第二节　初中段：责任冲突之间的选择

第一单元　承担责任的益处和代价

课程目标：辨别承担责任的益处与代价；说明哪些是承担责任常见的益处和必须付出的代价；辨认在特殊情况下，承担特定责任会带来哪些益处、要付出哪些代价。

关键词：益处；可预测性；安全感；效率；代价；憎恶

当某人负起某项责任时，可能会引发一连串的后果，有些后果会带来利益或好处。但是有时候承担责任却也会为个人带来一些不利或是必须付出某些代价。决定要不要承担某项责任时，能清楚分辨承担责任后的益处和代价非常重要，尤其是在同时面对好几项责任时，只有先清楚分辨承担各项责任的益处和代价，才能帮助我们决定哪一项责任较为重要。

一、承担责任的后果

承担责任可以让生活更稳定，因为承担责任可能会带来很多益处，有些是对负责任的人有益，有些则是对他人有益。

（一）对他人的益处

可预测性：当大家都勇于负责时，人们知道可对彼此有哪些期待。

安全感：当人们确信每个人都会好好负责时，大家会感到放心，觉得安全。

效率：当每个人都对自己的工作负责时，就能轻松、迅速又有效率地完成工作。

公平：当每个人都负起应负的责任时，就不需要有人额外分担他人的责任。

团队精神：当团体中的每一个成员都勇于负责时，就会产生凝聚力。

（二）对负责任的人的益处

能独立自主：一个勇于负责任的人做事时，常常可以得到较大的自主空间，受到较少的监督。

有自尊：一个勇于负责任的人往往能得到较高的自我评价，并对自己的能力有信心。

获得接纳和肯定：一个勇于负责任的人容易为他人所接纳和肯定，特别是那些依赖他们的人。

获得知识、技能和经验：一个勇于负责任的人能够获得知识、技能和宝贵的经验。

获得更多的认同、更高的地位（或名誉）或酬劳：一个勇于负责任的人往往会得到较多的荣誉、奖励，获得升迁的机会，或是更高的酬劳。

然而，负责任也有许多可能要付出的代价。

(三) 负责任的人必须付出的代价

有负担：负责任往往得花更多的时间、精力，甚至是金钱。

必须牺牲其他的兴趣或利益：当人们决定承担某项责任时，常常要把其他的兴趣、利益（或需要）搁在一旁。例如，没有时间陪家人或朋友，或是必须减少休闲娱乐的时间。

感到憎恶：如果不是自己想做的事，却必须去做，心中可能会产生憎恶的感觉。

害怕失败：可能会担心自己无法很好地完成这项责任，或是害怕会因此受到惩罚。

觉得不公平：当某项责任有主要的负责人时，通常其他人就会把所有的事情都加在他身上，而不愿很好地承担自己应承担的部分。

【深入探究/练习】

检验承担责任的后果。

学生分组。以小组为单位，讨论上述有关负责任的各项益处和代价，试着从个人生活经验中举出实例，说明负责任对他人的益处、对自己的益处，以及必须付出代价的情况，小组派代表将讨论结果在班级内分享。

【深入探究/练习】

辨识承担责任的各种后果并加以分类。

下面的材料涉及一种特殊工作的各种责任，阅读后请回答【请思考】之后的问题。

救生员

珊珊受滨海公园管理局聘用，担任海滩救生员已经一个多月了。每天上午九点，她都会爬上温暖的沙地上的那个两米高的救生椅，她总是忧心忡忡。虽然珊珊接受过完整的救援训练，但是到目前为止，她还没有接受过真正的救援任务，她担心如果真有紧急状况发生，自己是否能处理好。

珊珊喜欢自己的工作，除了可以整天待在沙滩上享受阳光和海风，她感觉很多人需要自己的保护。当然，珊珊也希望偶尔能放松心情，无忧无虑地躺在沙滩上来个日光浴，或是能下海去游游泳、冲冲浪。

珊珊的上司和其他的救生员都认为珊珊的表现很好，她会担心是因为她深深知道：自己有没有认真工作关系着别人的生与死，海边的意外事件，生死常发生于一瞬间，尤其是在假日人潮拥挤的时候。

珊珊回想起去年她还是一个助理救生员的时候。有一天，一位资深的救生员没有安排替补人员就擅自离开岗位，没过多久，一位年轻的女孩在游泳时突然遇到危险，因为没有得到任何援助而溺亡。那位救生员不仅被解雇了，而且他一直对这件事感到非常难过，从此一直处于强烈的自责和负罪感当中。女孩的家属控告滨海公园管理局，要求滨海公园管理局对员工失职所造成的损害承担赔偿责任。

【请思考】

1. 身为救生员，珊珊有哪些工作上的责任？

2. 珊珊承担这些责任会带来哪些后果？

3. 这些后果中，哪些会带来益处，哪些得付出代价？

二、如何确认承担某项责任的益处胜过必须付出的代价？

如何确认承担某项责任的益处胜过必须付出的代价，也可以称为评估益处和代价的相对重要性。承担责任会带来益处，也往往需要付出代价。对于承担某项特定责任会得到的益处是否胜过必须付出的代价，每个人的看法不同。也就是说，人们对于益处和代价的相对重要性各有各的看法。清楚地思考益处和代价的相对重要性能帮助我们决定是否要承担某一项责任。下面的练习可以帮助我们权衡承担某项特定责任的益处和代价的相对重要性，然后评估、决定是否要承担这项责任，并坚持自己的立场。

【深入探究/练习】

权衡承担责任的益处和代价。

学生用角色扮演的方式模拟政府行政听证会，讨论未规划的林地是否要建设森林公园。学生要用益处和代价的观念来评估、决定，并能坚持自己在各项责任问题上的立场。

森林公园的争议

某市有一片山林尚未规划用途。那是一片紧邻山区、风景优美的森林。森林中还有一个宁静的天然小湖泊。山区的夏季凉爽，冬天积雪，一年四季都非常适合游客开展各项季节性的户外运动。为了妥善利用这片山林，根据《自然资源听证规定》《重大决策听证制度实施办法》，市人民政府决定召开国土空间规划听证会。

市政府自然资源管理部门提出了一项建议：把这个地区开发为森林公园。但是建设与维持森林公园需要庞大的经费，也就是说一旦提案通过，市政府必须提高税收才能有足够的财力进行开发和维持公园的开销。

自然资源管理部门还建议在湖边建一个小型的游艇码头、两个露营区、一个滑雪场、一公里长的登山步道和自行车车道，并重新修筑进入山区的道路。这些计划的实施会使大量树木被砍伐，造成野生动物栖息地的破坏。

如果市人大支持并通过这项建设森林公园的提案，就会创造许多新的就业机会，估计光管理部门就必须聘用超过一百名员工。除了需要大量的人力参与，各项休闲设施势必会吸引众多的游客，大大地增加当地的经济收入。

各家媒体都争相报道和讨论建设森林公园的提案，人们纷纷议论，野生动物和森林公园委员会决定举办一场听证会，期待能完整听取各界人士的意见并搜集相关资讯，以作为委员会进行法案审查时的参考。

市政府邀请各界人士在听证会中发表意见，要参加的人不论是赞成或反对，都必须先登记报名以方便安排发言顺序。从提交报名表的人数判断，听证会那天会场可能会爆满。除了报名出席听证会的人，还有各机关单位的代表、各家媒体的记者以及许多关心这件事情的群众，每位参会人士都会提前拿到一份听证会议事日程。

某市W地块规划听证会议程

时间：2024年×月×日上午九点

地点：市政府第一会议室

一、主持人宣布听证事项和听证会纪律，介绍听证会参加人、听证人等。

（一）听证事项。

是否可以用税收来建设森林公园。

（二）宣布听证会有关纪律。

（三）介绍听证参加人、听证人。

1. 市人大代表；

2. 主张政府应减税的公民代表；

3. 野生动物保护组织；

4. 护林员代表；

5. 青少年户外运动协会。

二、政府自然资源管理部门人员陈述提案内容。

三、听证会参加人对提案发表意见，进行询问，被询问人进行解释说明。

四、必要时主持人可以组织听证会参加人围绕主要分歧点进行补充陈述。

五、主持人总结发言。

这份听证会议程跟人民代表大会开会时使用的议事程序相似，人民代表大会及地方政府都可以针对某一个法案或提案召开听证会，让民众能参与立法建设或政府行政，专家也能发表专业的意见或观点。

把学生分成五个小组来举行模拟听证会，一组担任市人大代表，二组担任主张政府应减税的公民代表，三组代表野生动物保护组织，四组担任护林员代表，五组担任青少年户外运动协会代表，也可以自由增加其他代表不同利益、立场的团体。

这个听证会的主要目的：在对开发森林公园的提案进行表决之前，给民众提供能表达意见的机会。

在举行听证会时，各组地位是平等的，因此，除了主持会议的主席座位设于前方，其余各组的座位应该平等安排。

各组在发言时必须遵守以下发言规定，并清楚表达赞成或反对该提案的理由。各组也可以就原来的提案提出修改意见。

发言规定：

每个小组都必须选出一位组长、一位记录员和一位发言人。组长要带领主持各组进行讨论；记录员要把各组讨论的内容整理记录下来，作为小组发言的依据；发言人要陈述小组的立场。各组的所有组员都必须准备在听证会上回答各方提出的问题。

在达成小组共识和建立立场的过程中，每个小组都必须考虑下列问题：

1. 如果提案通过，市政府必须承担哪些责任？

2. 市政府承担这些责任时，会产生哪些后果？

3. 哪些后果会带来利益，哪些后果必须付出代价？

4. 从自己小组的立场来看，哪些利益或代价是最重要的考虑？为什么？

5. 自己小组是赞成还是反对这项提案？需不需要修改？为什么？

第一组：市人大代表

这一组在听证会的主要任务是从各组的发言中搜集信息作为参考，以便在市人大开会时，对于是通过、否决，还是修改这项提案，做出明智的决定。这一组的每一位组员都必须列出几项问题来询问在听证会上发表意见的其他小组，每位组员都必须做好陈述准备。

第二组：主张政府应减税的公民代表

这一组原则上是反对这项提案，因为要实施这项提案势必大幅度地增加税收。所以，这一组可以认为在开发和维持森林公园方面，民众必须担负的费用远远高过建设这个森林公园可以得到的利益。

第三组：野生动物保护组织

这一组的部分成员可能会赞成这项提案，因为这项提案把一大片山林规划为野生动物保护区和休闲区。例如，有的组员可以主张保护该地区野生动物的价值远超过所付出的成本。同样，有些成员也可以主张所有的建设工作都必须以不破坏原来的野生动物生态环境为前提。这组可以建议删除或减少提案里的各项休闲运动设施的计划，以限制对野生动物原始栖息地的破坏；或是主张把整个林地规划成野生动物保护区，所有的开发只限于自然步道以及小型的野餐或露营区。

第四组：护林员代表

这一组应该赞成这项提案，因为如此一来又多了一座森林公园，能为护林员及其助理们增加许多新的工作机会。这一组也可以主张多建一座森林公园，为人民带来休闲娱乐的利益远超过开发和维持公园所付出的代价。

第五组：青少年户外运动协会

这一组应该是赞成提案，可以主张青少年尤其是住在都市中的青少年，多接触大自然或从事健康的户外休闲活动，如果孩子们能有机会徜徉在美丽的大自然中，必定能减少青少年身心健康问题。因此，开发森林公园对青少年、家庭、社会以及国家所带来的长远利益远超过所需要付出的代价。

第二单元　如何处理无法同时兼顾的数项责任

课程目标：学会在数项无法同时兼顾的责任、价值和利益之间做选择，能对自己的选择加以评估、确定，坚持所做的决定。

关键词：价值；利益；紧急状况；资源；让步妥协

每个人经常面对这样的情境：要在不同的责任、价值或不同的利益之间做选择，因为无法兼顾，不得不决定要承担哪一项责任或追求哪一项价值和利益。在无法兼顾时，一些新的思考工具能帮助我们评估、形成和调整选择。

一、在承担责任时，可能会面临的冲突

人们在选择该负哪一项责任时，常常会遇到两种冲突：

1. 有时候是两种责任互不相容，不可能两项都承担，或是至少不可能在同一时间承担。

2. 有时候是责任本身和其他价值或利益相冲突。

在不同的情境中，首先要考虑的是定义价值和利益。

价值：价值是一个人认为很重要的、正确的、值得去尝试的、好的事，或是值得去追求的事。例如，公平是一种价值，仁慈、勇敢都是价值。其他的价值还包括诚实、忠心、友谊、隐私、自由和正义……

利益：利益是一个人想要得到或关心的东西，例如，闲暇的时间、良好的健康状态、某种奖励……

如果一个人决定要承担某项责任，就必须牺牲一项或多项其他的价值或

利益，也有可能因为考虑其他价值和利益，而决定不承担某项责任。

【深入探究/练习】

检验无法兼顾的责任、价值和利益。

阅读下列材料，并回答【请思考】之后的问题。

1. 上个礼拜小七的老师布置了一项作业，本周五要交。小七一直拖到本周四才决定在当天放学后做这项作业。为了完成作业，他必须花上大半个下午的时间到图书馆查资料，也就是说他得到晚上才可能把作业做完。而周四早上，足球队的教练宣布当天放学后球队要留下来加强练习。小七不知道自己该怎么办，因为他是足球队的队长，练习时全队都需要他调度、协调。

2. 妈妈允许小罗开她的车去参加乐队排练，但是不允许他开车带着朋友。周五晚上，乐队排练结束之后，小罗最好的朋友的钱包和手机不见了，没钱坐车回家，而当时已经很晚，公交车已经很少。小罗想打电话问问妈妈是否可以破例一次，让他开车送朋友回家，可是电话打不通，联系不上妈妈。

【请思考】

分辨无法兼顾的责任、价值和利益。

1. 上述两种情境中，小七和小罗各自须要面对哪些责任？

2. 情境中有哪些不相容的责任？有哪些相冲突的价值和利益？

3. 你怎么看待这两种状况？如果是你，你会怎么做？为什么？

二、无法兼顾多项责任时如何选择？

如同上述虚拟情境所表现的，有时候我们在面对多种发生冲突的责任时，或许不知道是否要承担某项责任，或许不知道是否要保护所坚持的利益和价值，这种时候，以下六个思考工具能够帮助我们做决定。让学生练习运用这些思考工具在假设的情境中做决定。

（一）紧急程度

必须在无法兼顾的几项责任间做选择时，首先得先确认哪一项责任比较紧急，也就是要确认哪一项工作必须优先进行。

申宝自顾自地想着：“我知道今天晚上要做两件事——得先预习明天英语课的课文……咦？还有另一件事是什么来着，我怎么想不起来了……”申宝看到他的小狗小白："对了！我答应爸妈今晚要帮小白洗澡。"

1. 申宝该做的这两件事里，哪一件比较紧急？为什么？

2. 你有没有经历过需要立刻决定承担某项责任的紧急状况？

（二）相对重要性

与其他责任相比，责任的重要性如何？

放学后，申宝骑着自行车回家，转弯时，突然一个 2 岁左右的小孩跑过来，申宝唯一能闪开不撞到小孩的办法就是直接撞向路边服装店的玻璃橱窗。

1. 哪一项责任比较重要？避免撞到小孩，还是避免损坏服装店的玻璃橱窗？

2. 你是否有过必须考虑相对重要性来决定承担哪一项责任的经验？

（三）所需的时间

承担各项责任所需的时间，也是影响决定要选择哪一项责任的重要考虑因素。

申宝经过一家餐厅时，看见店门口贴着"紧急招聘"的信息，于是走进去向老板询问这项工作。

老板说："工作时间是周一到周五，下午四点到晚上十点，我们需要的是柜台收银员。"申宝问："我没有办法工作那么长的时间，我还有其他的事要做，可不可以只在下午四点到晚上七点工作？你是否可以另找一个人从七点工作到十点？"

"不行，柜台的工作没办法分段。"老板回答。

1. 要承担在餐厅工作的责任需要多少时间？为什么这样的时间对申宝来说会有问题？

2. 你是否有过必须考虑所付出的时间才能决定要不要承担某项责任的经历？

（四）必要的资源

承担某些责任需要特别的资源支持，比如，金钱、仪器设备、一定的体能，或是特殊的技巧。在决定是否承担这一类的责任时，自己是否拥有所需的资源就会成为重要的考虑因素。

"不过呢，"餐厅老板接着说，"下午的那个时段，我们倒是需要一个送外卖的人，你有车吗？”申宝回答：“我没有，因为还没到可以考驾照的年龄。”

1. 如果担任餐厅的送货员，申宝缺少什么资源？这是否会影响到他承担这份责任的决定呢？

2. 你是否有过因为要拥有某些特殊的资源，而影响到你是否承担某项责任的决定呢？

（五）相互冲突的价值和利益

决定是否承担某项责任时，感兴趣的事情，或是其他重要的价值也会成为影响你做决定的重要考虑因素。

申宝在另一家餐厅找到了工作，他在这里做服务生，负责点餐、收银和清理餐桌的工作。有一天，申宝的好朋友阿汤到这个餐厅用餐，他点了一碗牛肉面。当牛肉面送上来时，阿汤对申宝说：“今天我身上没带钱，可是我现在真的饿了。咱俩是朋友，我又不会赖账，你让我先把面吃了，明天我带钱过来付账行吧？”

1. 申宝现在面临哪些与他的工作职责冲突的价值或利益？他该怎么办？为什么？

2. 你是否有过在决定要不要承担某项责任时，必须考虑相互冲突的价值和利益的经历呢？

（六）其他的替代方案或妥协让步

有时候并不一定要在无法兼顾，或相互冲突的责任、价值或利益间做选择，因为可以想到其他替代方案来解决当下的问题。

申宝对阿汤说：“这样吧，我不能让你不付钱就用餐，但是我可以借钱给你，我先帮你付账，你明天还我就行了。这样的话，老板对账时才不会有问题。”“好的，申宝，谢谢你！”阿汤感谢道。

1. 申宝解决问题的建议是什么？你还有其他解决办法吗？

2. 你是否有过在承担某项责任时，必须考虑其他的替代方案或必须妥协让步的经历？

综上，能够帮助决定是否要承担责任的六项思考工具是：

（1）紧急程度；

（2）相对重要性；

（3）所需的时间；

（4）必要的资源；

（5）相互冲突的利益和价值；

（6）替代方案或妥协让步。

【深入探究/练习】

在无法兼顾的数项责任间做选择。

阅读下面材料，学生分组讨论，完成思考工具表格，并在班级分享。

孟梦的两难

“唉，怎么办才好呢？……”孟梦一边数着钱一边自言自语，手上不多不少，正好一千块钱。今天早上她才看到消息，她最喜欢的歌手即将到她所在的城市开演唱会了，明天就开始订票，然而最差的位置都要五百元，而且主办单位预计两个小时内票就会卖光。

麻烦的是，上周孟梦才答应借一千块钱给好朋友妮妮修自行车，妮妮今天得去付钱才能把自行车取回来。

孟梦坐下来制作了一个表格，帮助自己做最后的决定。

与责任有关的思考工具

（注意）问题7、9、10、11不一定适用于所有要解决的问题，如果不适用，请在该栏直接填写“不适用”。

1.（我）有什么责任？	责任1	责任2
2. 这些责任的由来是什么？		
3. 承担这些责任会得到什么奖励？		
4. 不承担这些责任会受到什么惩罚？		
5. 承担这些责任有什么益处？		
6. 承担这些责任得付出哪些代价？		
7. 这些责任有多紧急？		
8. 这些责任间的相对重要性如何？		
9. 承担这些责任须花多少时间？		
10. 我有承担这些责任所需的资源吗？		
11. 是否牵涉其他的价值和利益？		
12. 有没有其他可替代的解决方案？		

【请思考】

1. 参考你在思考工具表格所写的每一项答案，你觉得孟梦会怎么决定？为什么？

2. 从你的决定中应该可以看出哪些责任、价值和利益对你比较重要，请做出选择并说明理由。

3. 为什么其他人遇到和你一样的状况时，可能会做出截然不同的决定呢？

三、在特定情况下，如何解决责任之间的冲突？

前文列举了好几种人们无法同时承担所有责任的状况，在那些事例当中，当事人必须从无法兼顾的数项责任中做选择。但是有时候之所以无法兼顾是因为责任的内容相互冲突。也就是说：在某些特定情况下，一个人有责任去做某件事情，同时也有责任不去做某件事情，这种状况称为两难困境。接下来的这个事例，就是一位医生面临的两难困境。

据说，在两千多年前，古希腊的希波克拉底医生为医生们树立了一项专业的行为规范："今我进入医业，立誓献身人道服务；我感激尊敬恩师，如同对待父母；并本着良心与尊严行医；病患的健康生命是我首要顾念；我必严守病患寄托予我的秘密；我必尽力维护医界名誉及高尚传统；我以同事为兄弟；我对病患负责，不因任何宗教、国籍、种族、政治或地位不同而有所差别；生命从受胎时起，即为至高无上的尊严；即使面临威胁，我的医学知识也不与人道相违。"自此，所有的医生在进入执业之后，都会遵守这个规范，这就是著名的"希波克拉底誓言"。但是，有时候在现实生活中，誓言中要求遵守的责任却会产生冲突。

【深入探究/练习】

解决两难困境。

林医生的两难

林医生是一名外科医生。一天晚上，他正在急诊室值班，救护车送来了一位被汽车撞伤、昏迷不醒的男人。林医生立刻为这位伤者进行检查，同时医务助理检查了这位伤者的皮夹，看看能否找到关于伤者的身份材料以便联络他的家人。医务助理在皮夹中找到一张纸条，上面写着："如果何仁柏受伤，请与他的教会联系，请绝对不要采取任何医疗措施！教会联系电话：023—8835×××。"纸条的下方是何仁柏的签名，与皮夹中的身份证照片和姓名对比之后，确认这位伤者就是何仁柏本人。

医务助理把纸条交给林医生，林医生说："他现在正在大量出血，如果不立刻手术，可能无法保住性命。"

医务助理提醒林医生，伤者早有交代碰到这样的情况时该怎么处理，"如果他有意识，一定会要求我们照着纸条上的话做，不要手术。有些教派的信徒相信医学上的外科手术会阻碍一个人的灵魂得救"。

"我的责任是救人第一，我要根据我的专业来判断怎样对病人是最好的。准备推进手术室！"林医生果断地决定。

但是，当医务助理把担架推出急诊室，林医生再次盯着那张字条时，他又有点犹豫："我是不是该照着纸条上的指示去做？"这是他在医生执业生涯中，第一次无法坚定地相信自己的责任。

【请思考】

1. 在这种紧急情况下，医生的责任是什么？

2. 医生的责任从何而来？

3. 医生们承担这些责任可能会得到什么奖励？如果没有承担这些责任，可能会受到什么惩罚？

4. 医生们承担这些责任可能会产生哪些后果？哪些是益处？哪些是代价？

5. 每项责任的紧急程度如何？

6. 这些责任之间的相对重要性如何？

7. 要承担责任需要花多少时间？

8. 要承担责任需要哪些资源？

9. 承担这些责任涉及哪些价值或利益？

10. 有没有其他可替代的解决方案？

11. 你认为林医生该怎么做？为什么？

第三节　高中段：责任的归属与承担

课程目标：能够说明人们为什么要判断责任的归属，了解在复杂情况下要做出责任的判断会遇到的各种困难；能够运用思考工具判断责任的归属。

关键词：心理状态；故意；轻率；过失；后果认知；控制或选择

一、为什么必须明确谁该负责？

判断谁应该为某件事情负责任是因为：

第一，为奖励某些有好行为或造就好结果的某个人或某些人；

第二，为惩罚导致错误或伤害的某个人或某些人；

第三，将这些信息作为未来行动的指南。

下面的例子可以说明为什么必须判断谁该为某件事负责。

1. 足球队队长认为大伟是昨天晚上比赛胜利的关键，因为大伟踢进的那个球让他们赢得了最后的比赛。

在这个事件中，判断大伟该为这场球赛的胜利负责是为了奖励他，比如要颁发给他“最有价值球员”的奖杯。

2. 法官判决杰伦必须为柯明的手臂骨折负责任，因为他故意把柯明从摩托车上拉下来。法官判决杰伦支付柯明的医药费、误工费、后续康复训练的费用等，可能还会涉及治安管理处罚，这是为了惩罚杰伦，因为他错误的行为导致柯明受伤。

3. 某个委员会接受了一项任务，要调查研究为什么光明区初中三年级的学生阅读能力普遍较低，只达到小学六年级的阅读水平。委员会的研究报告最后指出，学生本身要负部分责任，因为他们平时阅读量太小，光明区的教育委员会也要负部分责任，因为他们对学生阅读不重视，没有对该区的学生进行过任何阅读规划指导，也没有提供任何受过特殊教育训练的师资。

委员会做出这样的责任认定是为了引导日后的行为，比如要求教育主管部门提供补救教育的计划、提供受过特殊教育训练的师资，以及切实督促学生认真阅读等。

在许多情况下，判断谁应当负责是相对比较容易的，然而，有些时候却非常困难。如下例。

【深入探究/练习】

撞车事件

一天清晨，夏安在一条狭窄的居民区街道开着他的小汽车，刚好这个时候小乔在将自己的小汽车倒出车库。因为有一辆搬家的大货车停在路边，挡住了他右边的视线，所以小乔并没有看到从右边方向开来的夏安的车，与此同时，有只猫正在穿过马路，转移了夏安的注意力，他没有注意到前方正在倒车出库的小乔。结果两辆车相撞了。

【请思考】

1. 你认为谁应该为这次撞车事故负责？

2. 同学们对上述问题的答案普遍一致吗？

3. 人们应该怎么判断此类问题？应该考虑哪些因素？

【深入探究/练习】

治疗方法的回报

在过去几十年里，全世界的科学家都致力于发现癌症的治疗方法。这项事业虽然进展缓慢，但仍然研发出了一些靶向药物，帮助了有特殊基因突变的患者，甚至使部分患者将癌症变成了慢性病，获得了高质量的生活。这些进展很大程度上要归功于科学家之间的交流，他们往往通过信件联系，在专业期刊发表文章以及在各种学术会议上做报告等方式汇报自己的进展（无论成功还是失败）。医学界正在一步步地接近最终的解决方案。每一次进步都建立在科学家个人的经验以及他们对其他人的研究成果进行总结的基础之上。当最终发现一种或多种治疗方法时，项目负责人和有贡献的科学家将获得许多嘉奖，同时也会赢得公众的赞扬和经济上的回报。

【请思考】

1. 假设许许多多的科学家辛苦工作才找到某种疾病的治疗方案，在这种情况下我们应该怎么判定谁才是最终发现治疗方法的责任人？

2. 如果你是诺贝尔奖委员会的一员，要将诺贝尔医学奖授予发现癌症治疗方法的某个科学家，你将如何做出公平的抉择？

二、哪些思考工具有助于判断责任归属？

诚如上面的例子，在很多复杂情况下，判断谁应当为一次事故或伤害负责、谁应当为某项成就负责、谁应当为战争罪行负责是非常困难的。要想做出合理的判断，就要用到新的思考工具。

下面介绍的思考工具可以帮助人们以一种系统、理性的方式思考，决定谁为某个事件负责。前三项思考工具有助于合理地判断某人应当为某种情况负责。而要为某些错误追究责任时，必须用到所有七项思考工具。

（一）需要有人承担责任的事件或事情是什么？

判断责任的第一步，是确认事件或情况。比如，要确认有人负责任的事件或情况是交通事故、发现治疗某种疾病的新方法、足球队赢得全国冠军还是学校里发生了破坏公物事件……

（二）事件中涉及了哪些人可能要为已发生的事件负责？

一旦确认了事件或情况，就可以列出可能要为这个事件或情况负责的人的名单。以“撞车事件”为例，可能要负责的人有开车的夏安、倒车的小乔、把大货车停在路边的搬家公司及员工、没有管理好宠物的猫主人。

（三）每个人被认为该为这个事件或情况负责任的理由是什么？

列出所有可能该为这个事件或情况负责任的人的名单之后，我们必须评估每个人的行为对这个情况或事件产生了什么影响。也就是评估每一个人的行为是否这个事件或情况发生的主要原因之一。如果这个人没有这么做，是不是事情就变得不一样了呢？再以“撞车事件”为例，可以说这个意外事件是因为：

1. 夏安开车不专心。

2. 小乔没有先确认路况就倒车。

3. 搬家公司员工把大货车停在路边。

4. 猫主人没有把宠物猫管好，让它跑到道路中间让夏安分心。

（四）这个人的行为是否违背或未能遵守应有的义务或职责?

在确定每个人的行为对事件或状况造成的影响之后，便是衡量这个人是否有义务或职责不那么做，换句话说，就是那个人的行为是否违背或是未能遵守他（她）应有的义务或职责，以及他（她）是否因此该为自己的错误感到愧疚？同样以“撞车事件”为例来说明：

1. 夏安可能没有遵守交通规则——应该谨慎驾驶以保证安全。

2. 小乔应先确认道路状况再进入马路。

3. 除非是违章停车，否则把大货车停在路边的人，并没有违反交通规则。

4. 让宠物猫跑到道路上的宠物主人，并没有违反任何义务或职责，因为没有法律规定猫一定要养在屋内，或是要用链子拴起来。

（五）当这个人的行为造成某个状况或事件时，他（她）的心理状态如何?

要回答这个问题，必须考虑以下情况。

故意：那个人（或那些人）是否企图或是存心要使这个事件或状况发生？换句话说，他（她）是故意的吗？例如，有些交通事故是因为驾驶人故意去撞别人的车子。

轻率：是因为那个人（或那些人）轻率的行为导致这个事件或情况发生吗？轻率是指明明知道有危险却故意这么做，也可以叫放任。例如，在热闹的市区街道上，以九十公里的时速飙车。

过失（不小心）：是否因为那个人（或那些人）的不小心或过失而导致这个事件或状况发生呢？不小心或过失是指能够预期可能发生的危险或伤害，却没有尽到应尽的义务，也就是没有以合理的关注去避免伤害自己或他人。例如，让年幼的孩子单独留在车内。

能认知可能的后果：那个人（或那些人）是否知道或应该知道他（他们）的行为可能会产生的结果？能认知可能的结果意味着知道自己这样做会导致哪一类的事情发生。

为什么在决定责任的归属时必须先了解行为人的心理状态呢？因为一个人的心理状态影响着对他的行为的评估。

例如：小龙发生了交通事故，在不同的状况下，会不会有不一样的结果？

1. 小龙是成心去撞对方（故意）。

2. 小龙喝醉酒还开车，才会撞上别人的车（轻率）。

3. 小龙没有注意路口是红灯，所以没停下来，因而撞上另一辆车（过失）。

例如：珊珊用打火机烧窗帘，引起火灾，整栋房子都被烧掉了。在不同的情况下，这件事是否会有不同的结果？

1. 珊珊才两岁（没有认知行为后果的能力）。

2. 珊珊十岁，她认为自己可以把火扑灭（轻率的行为，但有认知行为后果的能力）。

3. 珊珊是三十几岁的成年人，她想要获得房屋火灾的保险金（故意的行为，完全知道行为可能造成的结果）。

（六）这个人（或这些人）能控制自己的行为吗？他（或他们）有其他的选择吗？

如果无法控制或是在没有其他选择的情形下做了什么事，行为人往往无法对自己所做的事负责。

例1：阿朱到银行存钱，正巧碰到一群蒙面歹徒来抢劫，他们用枪顶着阿朱，要阿朱开车协助他们逃逸。

例2：在学校里，阿汤下楼时在楼梯间被小志撞倒，就在他向下跌倒时又撞到小美，导致小美扭伤了脚踝。

（七）这个人（或这些人）这么做是否为了更重要的价值、利益或责任呢？

有时候为了维护更重要的价值、利益或责任，可以免除我们对某一个行为负责。

例1：邻居家着火了，陈哥为了救三个被困在屋里的小孩，毫不犹豫破门而入。

例2：戏院发生火灾，工作人员打昏一位歇斯底里地尖叫的观众，然后冷静地引导所有观众有秩序地从紧急出口逃生。

【深入探究/练习】

运用思考工具来决定责任的归属。

工作中的意外事件

詹师傅在光明木器加工厂上班，7 月 16 日，他在操作一台新购置的新型桌面电锯时左手臂被锯断了，这个意外事故导致他住院，而且要支付巨额的医疗费用。

意外发生后，保险公司的调查员访谈了好几位木器加工厂的工作人员，得到下列信息：

意外事故发生的时候，詹师傅正在使用电锯处理一片八尺长的红木板。詹师傅在光明木器加工厂工作已经超过二十年了，是一位资深的老木工，操作电锯的技术很娴熟。不过他有一个习惯，就是在使用电锯时，不喜欢加装本该装在机器上的安全保护装置，这种保护装置可以使电锯的使用者和锯片之间保持安全的距离。工厂的安全规章规定，每个使用电锯的人都必须加装安全装置。然而，詹师傅认为这个安全装置碍手碍脚，不喜欢用，发生意外的那天也一样。

顾磊也是光明木器厂的员工，他负责操控堆高机。在发生意外事故的那天，顾磊正好在詹师傅和电锯的旁边操控堆高起重机搬运货物，因为顾磊向后倒车造成电锯倾斜滑向詹师傅，詹师傅来不及闪避才被电锯锯伤。顾磊承认：当时他在打瞌睡。事发当天他因为后背疼痛吃了肌肉松弛剂，医生在给他开这个药的时候就告诫过他，肌肉松弛剂的副作用是嗜睡，会让人昏昏欲睡，让他最好请假休息。但是顾磊因为最近工作进度严重落后，让领导很不高兴，他担心被开除，所以根本不敢请假，下午虽然昏昏沉沉的，他还是勉强工作。

光明木器加工厂的老板是白经理，是他决定向安心机械厂购买的这台新型的电锯。电锯送来的时候附有装置说明书和注意事项，说明书中写明了应该如何把整台电锯连同台面用螺栓固定在地上。但是，白经理并没有把电锯台锁紧固定，他认为电锯的重量就足以让整台电锯稳固，不用再加栓锁定。

葛红玉是安心机械厂的质检员，她负责售后服务，确保所有安心机械厂卖出去的机器都正确安装并正常运作。在意外发生的三天前，葛红玉本来要去光明木器加工厂检查那台电锯的安装情况。但是，那天是她休年假的前一天，她行程排得很紧，一下班就要赶飞机，她想自己只休假一礼拜，干脆等休假回来再去光明木器加工厂检查。因此，在意外发生前，她完全没有检查过这台电锯的安装情况。

【请思考】

1. 请把所有信息依次填入下列表格中，然后思考谁该为詹师傅的意外负责，并说明为什么。

2. 在这种情况下，判断谁该负责任为什么重要？

有助于决定责任归属的思考工具表

1. 发生了什么事件或状况？				
2. 哪个人或哪些人被认为该负责任？	第一个人	第二个人	第三个人	第四个人
3. 每个人被认为该为这个事件或状况负责任的理由是什么？				
4. 每个人是否有违背或未遵行某项义务或职责的行为？				
5. 每个人的心理状态如何： ●故意的吗？ ●行为轻率吗？ ●是过失（不小心）的吗？ ●能认知可能的结果吗？				
6. 每个人能否控制自己的行为？他可以不那么做吗？请说明。				
7. 每个人的行为是否要维护更重要的价值、利益或责任？				

第六章　正义课程的一体化教学

"这样不公平!""那怎样才算公平?"在日常生活中，我们是否说过或听过诸如此类的话？与公平有关的话题，其实涉及的就是正义的问题。因为"公平"这个词比较常见、使用率比较高，我们常常会忽视正义这个概念，但公平和正义基本上是同一件事。

在日常生活中，在家庭、学校、社区中，几乎每天都会碰到与公平有关的事情。

判断某一件事情公不公平，有时候很容易。例如，有人盗窃，大家会认为必须归还盗窃物品，还会认为对偷盗者进行惩罚是公平的。但有些时候，是否公平不太容易判断。本章旨在帮助学生学习如何处理这些涉及公平或正义的难题，找出解决的方法。

第一节　小学段：初识正义

课程目标：能够分辨三种不同的正义问题并举例说明；能够说明为什么必须将正义问题分为三种。

关键词：分配正义；矫正正义；程序正义

一、初识正义

从下面的故事中，找出涉及正义的问题。

小柯学正义

有一个很小的镇子，总共不到三百人。小柯是小镇警长，他对公平的理解跟普通人不太一样。

有一次，小柯想要找一个助手来当副警长，于是贴出告示：“诚征副警长，只有女人可以应征。”很多男人说：“为什么只有女人可以应征？我们也可以呀！我们的能力没有问题。”小柯对这件事的回应是：“我就是不要男性副警长。我觉得女人的工作能力比较强。”镇上很多居民都觉得只因为是男人，就没有机会当副警长，这非常不公平，于是向小柯提出抗议：“不公平！”

因为小镇很小，没有常驻法官。上级的法官每个月会来镇里巡视一次，看看有没有违法的居民，顺便看看怎么处置违法的居民。因此，法官没来的时候小柯警长会充当法官。

有一次，小柯警长逮捕了一个十岁的男孩，罪名是偷了一颗糖果。他判了小男孩一年的有期徒刑，并且把这个男孩关进了成年人的监牢里。另一次，一个女劫匪抢劫银行，被小柯警长抓住，女劫匪向小柯警长保证永不再犯，于是，小柯警长只罚她二十元就了事了。居民们对此议论纷纷，都说：“小柯警长好像完全不清楚，犯什么罪该给予什么样的处罚。”

还有一次，小柯警长为了找出抢劫大货车的嫌犯，居然去挠一名囚犯的脚底，逼他承认那个抢劫案是他做的。小柯警长挠得很卖力，时间又很长，害得那名囚犯差点笑得断气。

小柯警长做决定的方式也很不公平。有一天法官到镇上巡视，小柯警长等人在法庭上有这么一段对话。

律师：“法官，有五个证人能作证，小班当时并不在犯罪现场。”

法官：“那么，小柯警长，你为什么要逮捕小班呢？”

小柯：“因为小班看起来就像坏人啊。”

法官：“小柯警长，你这样做是不公平的。”

于是，镇长召开居民大会来解决这个难题，他们也请了小柯警长出席会议。

镇长说：“小柯警长，我们都很喜欢你，但是你必须学会公平处事。”

居民们附和道：“是啊，你要公平点啊，小柯。”

小柯说：“好吧，我并不是完美的人，但是我希望自己成为一名公平的警长，我会改变的。”因此，小柯决定找到公平处事的方法。

【请思考】

1. 小柯哪些事情做得不公平？为什么？

2. 你所列出来的小柯的不公平的行为中，分别属于以下哪一项？

（1）在一群人中公平分配某些事物；

（2）以公平方式纠正错误或伤害；

（3）以公平方式收集信息并做出决定。

二、正义有哪三种类型？

在“小柯学正义”的故事中，可以看到三种类型的正义。首先，小柯只准女性应征副警长，不符合正义原则；其次，一个十岁的小男孩只因为偷了一颗糖果，小柯就判处他有期徒刑一年，以及小柯为了查出谁是抢劫犯，挠一名囚犯的脚底，显然也违反了公平原则；最后，小柯只因为某个人看起来不像好人就把人逮捕，也明显违反公平原则。

每个人对正义的热忱和追求有助于改变生活，同时也会在我们的生活中引发争议。因此，研究正义问题的学者将正义分成了以下三类：

（一）分配正义

分配正义：以公平合理的方式分配事物。它关注的是在某些个人或某些团体中分配某些事物的公平性。被分配的事物可能是某种福利或利益，例如工作的报酬、言论或投票的权利，也可能是某种负担，例如家务活、做功课或缴税。

（二）矫正正义

矫正正义：以公平合理的方式回应错误或伤害。它关注的是对某些个人或团体造成的某种错误或伤害做出回应的公平性。常见的回应包括要求那些犯了错或伤害他人的人承受某些形式的惩罚，例如偿还盗窃物品或赔偿损失等。

（三）程序正义

程序正义：用公平合理的方式搜集信息，并做出决定。它关注的是，获取信息的方式和（或）做出决策的方式的公平性。例如，涉嫌犯罪的某个人可能会在认真、公正的调查中提供案件信息，也可能是在酷刑之下招供。要对该事做决策的人可能会听取所有对这个问题感兴趣的人的意见，也可能会忽略这个步骤而自行决定。在这里，需要强调的是，程序正义针对的是我们获取信息或做出决策的方式的公平性，而不是我们获得的信息或我们所做的决定的公平性。

【深入探究/练习】

辨识正义的不同类型。

阅读下列问题，学生分组讨论，分辨哪些是分配正义问题、哪些是矫正正义问题、哪些是程序正义问题，并说出答案及理由。

1. 华西是篮球队队员，但队长让华西坐了冷板凳，让某些球技比华西差的人上场。

2. 菲哥在下班回家的路上，遭到几个小流氓的攻击，不仅钱包和手机、电脑都被抢走了，还被打断腿骨，肋骨骨折，落下残疾。后来这几个小流氓被逮捕、判刑了，可是才判了 3 个月有期徒刑，而且缓期执行，不用坐牢。

3. 有人周末闯进校园，破坏了多媒体教室。你跟此事完全无关，但有目击者指称某个嫌犯背影跟你很像。上课时，你被叫到教务处，老师问你周末都在做什么，并且打电话给你的父母，还把你的朋友叫来询问，这些人都作证说你并没有参与。最后，老师什么也没调查出来，说了声："好了，你可以回教室了。"

4. 辩论赛结束后，表现最好的三位同学获胜。

5. 店长在年底的时候给销售业绩最佳的三名员工分红，以兹奖励。

6. 有的国家颁布法令，规定只有拥有一定财产的男性公民才能够参加选举。

7. 有的国家的税收制度规定赚的钱越多，缴纳的税也更多。

8. 有的国家颁布法令，规定偷东西被抓到就必须砍掉双手，甚至判处死刑。

9. 小虎和小羊没有准时完成作业，被罚连续五天放学后留校，完成作业才能回家。

10. 一款新上市的汽车设计上存在安全问题，法院判决经销商必须全面召回，并无条件为消费者修好。

11. 如果不小心伤害到别人，必须负担对方的医疗费用及其他相关费用，如误工费、交通费等。但如果是故意的，可能赔偿更高的惩罚性金额。

12. 公园管理员听说有三个男孩“欺负”一个小孩，不分青红皂白要小虎和他的朋友离开公园，不给他们任何解释的机会，而当时他们其实并不在场。

13. 灰太狼在商店偷东西被抓了，法官指定一名律师在审判时帮他辩护。

14. 在进行重大决定之前，教育局会先召开听证会，任何想对该事项发表意见的人都可以参加。

【请思考】

上述各种情况是公平还是不公平？你曾经遇到过或看到过哪些类似的情形？

第二节　初中段：正义的三种类型

正义可以分为三种：分配正义、矫正正义、程序正义。本节从分配正义谈起，也就是分析一下如何在社会上的团体或个人之间，公平分配利益或负担。

利益可能指工作的酬劳，也可能是言论及投票权。包括任何团体或个人认为有用或值得拥有之事物，如奖励、酬劳、受教育机会、工作、组织会员资格或财物的分配等。负担则可能包括某些义务，比如写作业、做家务、工作赚钱、纳税、照顾某人，也有可能包括任何团体或个人认为不好或不想拥有的事物，如做错事接受责骂或惩罚等。

某些情形中，要决定如何分配利益或负担比较容易，例如：每个同学都有权利参加班级讨论。但某些情况下，要做出公平的决定却很困难，例如：学生的作业要好到什么程度才能得 A+？收入普通的人该拿出多少来帮助有需要的人？

第一单元 分配正义

课程目标：了解解决分配正义问题的思考工具，并且能够熟练运用思考工具；了解思考工具的功能。

关键词：思考工具；相似原理；需求；能力；应得与否（是否值得）；无关紧要；价值；利益

一、检验分配正义问题时该用什么思考工具？

（一）相似原理

一旦遇到分配正义问题，可以运用一些概念或要素（也就是思考工具），检验及解决这类问题。相似原理，就是在某些特定情形中，重要条件相似的人应有同等待遇；而同样的情形中，重要条件相异的人应受到差别待遇。

例如，有十个人被困在一个缺乏医疗资源的岛上，其中有三个人身患疾病，他们的病情大致相同。此时，这三人有一个重要的相似条件，就是需求。他们同样需要药物治疗，所以给予这三个人同样分量的药物是公平的。而其他七个人，跟这三个人不一样的地方在于他们不需要药物，因此，给这七个人不同的待遇，即不给予任何药物，也是公平的。

从上述例子，可以看到人们在需求方面的相似及差异之处。在其他状况中，还可以审视人们在能力方面的相似及差异，或应得与否方面的相似及差异，也就是他们是否应该得到分配的利益或负担。在运用相似原理决定是否公平时，应该配合使用需求、能力、应得与否这些思考工具。

相似原理认为，人们有重大的相似之处就应该有相似的待遇，反之，如果有重大相异之处即应差别对待。但我们如何分辨特定情形中，哪些相似及相异之处最重要？通常情况下，凡是根据无关紧要（不重要或不相干）的相似或相异之处所下的决定都是不公平的，但如果正确运用相似原理及需求、能力、应得与否等概念，就可以形成一套有用的思考工具，帮助我们处理分配正义相关的问题。

【深入探究/练习】

辨识并评估相似原理的运用情形。

辨识下列情形，思考如何运用相似原理，考虑需求、能力、应得与否等概念，做出公平分配的决定，并回答材料后面的问题。

1. 唯有缺乏才华及能力的人可以进入音乐艺术学院，理由是这些人最需要学习。

2. 巴哈马的一个小岛根据人的身高来分配食物。高的人得到的食物比矮的人多。理由是长得越矮，胃口越小，需要的食物也越少。

3. 政府用税收为有工作且没有能力支付幼儿园托育费的父母付费，但不为不工作，或有能力请人照顾孩子的人支付这项费用。

4. 高中生如果被保送进某些大学就读，必须出具无记过证明。理由是有记过经历的学生不具备保送就读该大学的资格。

5. 在 A 市，人们认为年纪大的人思想僵化，投票无助于社会进步，所以只有十八岁以下的人可以投票。

6. 就业辅导中心只为孩子多的人提供工作机会。理由是这些人更需要赚钱养家糊口。

7. 某医疗中心的规定是，不管状况多么紧急，患者的诊疗永远得按照排队顺序，先到的人先看，后到的人只能排队等待。

【请思考】

1. 上述各项情形，分配的是哪些利益或负担？

2. 说明相似原理及需求、能力、应得与否等概念，如何帮助我们决定分配利益或负担。

3. 你是否同意上述各项情形中利益及负担分配的方式呢？理由是什么？

（二）检验需求、能力及应得与否

如果适当运用相似原理及需求、能力、应得与否这些概念，形成一套思考工具，可以帮助我们处理分配正义的问题。本部分将深入审视需求、能力、应得与否等概念，并了解如何将其运用到特殊情况中。

【深入探究/练习】

检验需求、能力及应得与否。

学生分组阅读关于需求、能力、应得与否等概念运用方式的定义及说明。回答练习中的问题，并对答案进行解释说明。

1. 需求：考虑将被分配事物的团体或个人，在需求方面有何异同，异同到什么程度。需求的种类可能包括：生理需求，例如饥饿；心理需求，例如安全感；经济需求，例如金钱；政治需求，例如影响力。

例如：有十个人在医院的急诊室候诊，但情况并不危急。四个刚到的却是在一场车祸中严重受伤的伤者。

运用相似原理，并考虑需求的异同：

(1) 谁应该先得到治疗？为什么？

(2) 运用相似原理做决定时，考虑需求有何用处？

2. 能力：考虑将被分配事物的团体或个人，在能力方面有何异同，异同到什么程度。能力可能包括生理上的、心理上的、智力上的、经济上的和精神上的。

例如：学校提供五个名额让孩子去夏令营。有两个八岁、三个十岁、一个两岁的孩子想参加。

运用相似原理，并考虑能力的异同：

(1) 该让谁去夏令营？为什么？

(2) 运用相似原理做出公平决定时，考虑能力有何用处？

3. 应得与否：考虑将被分配事物的团体或个人，在应得与否方面有何异同，异同到什么程度。这些团体或个人的表现或状况（地位）的相似之处，值不值得我们给予同等对待？或者其表现或状况（地位）的相异之处，是否有必要给予差别待遇？

例如：在奥运会中，有六个国家的队伍参加四百米接力跑。在比赛过程中，虽然有先有后，但最终结果，第一个越过终点线的是德国选手，其次是加拿大选手，然后是美国选手。

运用相似原理，并考虑应得与否的异同：

(1) 哪些队伍应该分别得到金牌、银牌、铜牌？为什么？

(2) 运用相似原理做决定时，考虑应得与否有何用处？

例如：选举日有十个人想投票。其中四男四女已经成年，而且在选举人名册上已经登记。剩下的一个才十四岁，不到投票年龄；另一个虽然已经二十五岁，但不是本国人。

运用相似原理，并考虑应得与否的异同：

（1）应该给予哪几个人投票权？为什么？

（2）运用相似原理做决定时，考虑应得与否有何用处？

【请思考】

1. 分配下列事物时，哪一种概念（需求、能力、应得与否）最有用？

（1）驾驶执照；

（2）队员资格；

（3）选举权；

（4）纳税以取得受教育权或是使用公共设施的权利；

（5）违反校规应受的惩罚。

2. 假设学校乐队要招二十五个人，有一百名学生想申请加入，应该运用哪些概念（需求、能力、应得与否）来决定选谁？为什么？

（三）将其他价值及利益列入考虑

在很多情况下决定什么是公平或正义是很重要的。但在决定何谓公平之前，通常有必要将正义以外的某些价值与毅力，同样列入考虑范围。价值指的是你认为值得、重要、良好或正确等应该试着去达成的目标。如公平、仁慈、勇敢、诚实、忠贞、友好、隐私、自由、正义等。利益则是某些你渴望或关切的事物，如健康、自由的时间、各种奖励等。

【深入探究/练习】

就相互冲突的价值和利益权衡正义。

洪水成灾

亚卓市的居民对政府有意加税用来修筑堤坝、保护该市不受洪水侵袭的提案，年年都投票反对。大多数市民会这么做的原因是：亚卓河已经有百年未发生水患。但就在今年雨季，亚卓河泛滥成灾，淹没了整个市区，许多建筑物都毁于一旦。市民无家可归，几乎失去了一切。他们急需避难场所、医疗救助及生活援助，需要重建家园或迁往别处。民众的钱显然是不够支付所需的，因此，他们要求政府动用财政税收解决问题。

【请思考】

1. 材料当中，亚卓市居民要求政府提供帮助，如果政府以相似原理为由拒绝，合理吗？

2. 政府如果拒绝亚卓市居民的要求，可能会有什么结果？

3. 哪种结果对大家比较有利？哪种结果较为不利？

4. 这件事情应该如何处理？为什么？

5. 做出决定前，应考虑哪些价值及利益？

二、检验运用相似原理时常见的难题

在运用相似原理的过程中，有关分配正义问题最常出现分歧的两种情况是：

1. 在某种特定情况下，决定应当运用或考虑哪些异同因素（需求、能力或应得与否）。

2. 根据团体成员的需求、能力或应得与否因素，来判定他们在什么程度上是相似的或不同的。

【深入探究/练习】

识别相关考虑因素。

1. 讨论并找出哪些考虑因素（需求、能力或应得与否）在分配下列事物时是最相关的：

（1）罚款；

（2）政治权利；

（3）奖学金；

（4）驾驶执照；

（5）福利。

2. 有个学生在一学期中，综合其作业、考试、出勤率等表现，只得到了“合格”。但这个学生已经高三了，他的成绩至少要达到“良”才能申请某大学。此时，对于这名学生，在考虑应得与否之外，是否应该将需求也列入？是否也可以考虑其他因素，如这名学生是否已经尽力？

3. 现在如果这名学生辩称：他跟所有得“良”的学生相比，在作业、考试、出勤率方面的表现都差不多，所以应该得到“良”。老师该如何评估及回应这名学生的要求？

解决分配正义问题的思考工具表

问题	回答
1. 分配的是何种利益或负担？	
2. 分配的对象是谁？	
3. 分配的对象在下列三项条件方面，有哪些相似或相异之处？ ●需求； ●能力； ●应得与否。	
4. 决定谁该得到利益或负担时，该考虑哪些相似或相异之处？说明理由。	
5. 将你决定的重点列入考虑之后，怎样分配利益或负担才算公平？	
6. 上述公平的处置方式，有什么好处？有没有缺点？如果以不同方式分配，能否兼顾其他利益和价值的考虑？	
7. 你认为该如何分配利益或负担？说明理由。	

第二单元　矫正正义

课程目标：了解矫正正义的目标；学会运用检验矫正正义问题的思考工具。

关键词：错误；伤害；制止；矫正；预防；影响；恶性；故意；放任；过失；悔意

一、矫正正义的目标

（一）什么是矫正正义？

矫正正义指的是对错误和伤害回应的公平性。错误是指违背了由法律、规则、传统或道德原则规定的义务或责任的行为。伤害是指对个人或财产的损害，或对个人权利的侵害。

例 1：两名男子被捕，有证据证明他们将毒品贩卖给青少年。经法院判决，二人因贩卖毒品罪被判处三到五年有期徒刑。

例 2：小林妈妈带着小林驾驶车辆在道路上正常行进，但被一辆违规变道的卡车撞上，小林和妈妈都受伤住进了医院，两人的医药费花了将近三十万元。卡车司机对车祸负全责，因此必须让他负担小林及妈妈的医疗费、修车费及相关赔偿。

上述两种情况中，对错误或伤害的回应是公平还是不公平？在权衡选择一种对错误或伤害的适当的回应时，除了公平，哪些价值和利益也是很重要的？这些问题都是矫正正义需要考虑的。

（二）矫正正义的目标是什么？

只要有人的地方就有可能有人为的错误或伤害。矫正正义处理的就是公平地或适当地回应错误与伤害的问题。

对错误或伤害的回应方式可能有很多种。有时候只需告知某人，其错误行为对别人已经造成伤害；但有时需要某人承担起责任，以赔偿的方式将事态矫正。而某些情况下，可能会以某些方式惩罚犯错或造成伤害的人。

矫正正义的主要目标就是公平地纠正某个错误或伤害，此外，还希望通过教育违法犯罪的人，或是为他们树立正确行为的典范，来预防或阻止日后的违法或犯错行为。由此可见，矫正正义的目的或目标在于：

1. 矫正。为了以公平的方式矫正错误和伤害，提供一种补救措施或施以惩罚。

2. 预防。以某种方式回应错误和伤害行为，预防人们再次犯错。

3. 制止。出于对错误和伤害结果的恐惧，阻止人们犯错和造成伤害。

矫正、预防和制止，对社会的生存来说至关重要。如果不为实现这些目标努力，社会将会变得失序、混乱。确保对错误和伤害的适当反应，不仅对犯罪行为和公民事务非常重要，对家庭、学校以及日常生活也是非常关键的。当然，毫无疑问，人们必须首先判断谁应当为错误或伤害负责，然后才能评估什么样的回应是适当的。

二、检验矫正正义问题的思考工具

正如前文所述，矫正正义的主要目标在于：在错误或伤害发生时，以公平的方式“矫正事态”。其他重要的目标还包括避免其他伤害或错误发生，发挥制止作用，给予他人警示。

怎样才算公平，在某些情况下比较容易判断，例如：一个孩子拿走别人的物品，可能只需要孩子把物品还回去，即符合正义原则。想避免类似的情形再次发生，只需跟犯错的孩子说：未经许可私拿别人的物品是不对的，以后不许再犯。

但某些情形中，要对错误或伤害做出公平回应并不容易。因为，没有简单的公式可以帮我们决定如何回应才算适当。所以，需要借助一些思考工具帮助我们做决定。

以下思考工具是检验错误或伤害的五个步骤。每个步骤都附有简单的例子说明其用途。

步骤一：识别错误或伤害的重要特征

1. 错误或伤害的区别是什么？

错误是指违反法律、规则、传统或道德原则规定的义务或责任的行为。伤害是指对个人或财产的损害，或对个人权利的侵犯。

某些情况下，人们的行为可能会同时造成错误与伤害；某些情况下，虽然犯错，但没有造成伤害；还有的情形是造成伤害，但没有人犯错。

例（1）：机械师在换完轮胎后忘记拧紧螺丝，顾客在驾车时左前轮突然脱落，撞上了一辆停在路边的卡车。

例（2）：乔安开车闯红灯了，但是没有发生车祸。

例（3）：小罗和小鹏打篮球，小罗把球传给小鹏的时候，小鹏没接住，球砸在他的左眼上，接下来好几天左眼都是肿的。

2. 错误或伤害的程度有多严重？

评估某种特定情况下错误和伤害的严重性是非常重要的，因为，公平地回应错误或伤害与这种错误或伤害本身的严重性是相关联的。这也称为比例原则（相称性原则）。这种原则意味着对错误或伤害的回应，应当与错误或伤害本身的严重程度成正比，这就是常说的罪罚相当。

为了判断一项错误或伤害可能有多严重，通常需要考虑下面四个问题：

（1）程度：有多少人或事受到了影响？

（2）持续时间：错误或伤害行为持续了多久？

（3）影响：伤害或损失有多严重？是否永久性的？

（4）恶性：造成错误或伤害的人，其恶性有多大？

例如：我们发现由于过度捕捞，使得 W 鱼濒临灭绝。为了保护 W 鱼，政府通过一项法令，规定每家渔业公司一天捕捞的 W 鱼数量不得超过 500 条。而几家渔业公司被指控违反法令捕捞 W 鱼，为了评估渔业公司的错误或伤害的严重性，我们要做以下思考。

第一，程度：有多少人或事受到了影响？

一连六天，鱼罐头公司捕捞了 6000 条 W 鱼，也就是超额捕捞 3000 条左右。

一连六天，鱼火锅公司捕捞了 3050 条 W 鱼，也就是超额捕捞 50 条左右。

第二，持续时间：错误或伤害行为持续了多久？

鱼罐头公司在被发现前，违规捕捞行为已持续了六天。

鱼火锅公司只违规捕捞了一天。

第三，影响：伤害或损失有多严重？是否永久性的？

鱼罐头公司捕捞的 W 鱼数量，一天就多达 1000 条。

鱼火锅公司一天捕捞 W 鱼 550 条。

第四，恶性：造成错误或伤害的人，其恶性有多大？

鱼罐头公司的老板明知故犯，由于 W 鱼在市场上价格渐涨，他想尽可能多地捕捞，囤积起来以赚取高额差价。

鱼火锅公司的老板试着不超过捕捞限额，但捕捞上来的 W 鱼数量难以精确控制，因此超额捕捞。

步骤二：识别造成错误或伤害者的重要特征

在决定如何处置造成错误或伤害的人时，必须考虑下列五个问题。

1. 此人在造成错误或伤害时，心理状态如何？

在找出公平方式回应错误或伤害时，一个人的心理状态是最重要的考虑因素，包括：

（1）故意。此人是否故意（有意）导致了错误或伤害？

（2）放任。此人是否故意（有意）忽略了明显会有严重伤害的风险？

（3）粗心。此人是否行动前未加思索，对可预见的风险缺乏足够的重视？

（4）了解可能的后果。此人是否知道或有能力知道自己所做的事情是错误的，或有可能造成伤害？

（5）控制。此人是否有能力从生理、心理及精神上控制自己的行为？

（6）义务或责任。为了避免错误或伤害发生，此人有无责任或义务采取某种行动或不采取某种行动？

（7）其他重要的价值及利益。有没有其他重要的价值、利益、责任或动机，使此人必须采取该项行动？

例如：康上校是某个行星的宇宙飞船指挥官，该星球与其他星球正处于交战状态。他被指控毁损了某个中立太空站上的农作物及避难所，使太空站上的难民流离失所、苦难深重。下面是审判过程中发现的事实。通过思考这些事实评估康上校在中立太空站上造成伤害时的心理状态。

（1）康上校及其手下将太空站上的人集中起来，告诉他们，必须摧毁农作物以免落入敌军之手，即使该太空站宣布中立，康上校仍然一意孤行。

（2）康上校以为可以控制火势，只烧毁农作物，但是，点燃农作物之后火势一发不可收拾，不仅烧毁了包括农作物在内的所有食物，还波及太空站上大部分建筑物，使得居民们无家可归。但康上校也采取了补救措施，他从自己的宇宙飞船上拨出了足够维持一周的食物给流民，为他们搭建了临时住所。因为他认为该太空站的救援应该会在一周内到达。

（3）审判时，康上校手下的一名军官作证指出，在他们抵达太空站时，太空船已经严重受损，船舱内饮用水缺乏，队员伤病累累，而康上校已经好几天没有睡觉休息了，他的飞船“岌岌可危”，又刚好接到他的亲兄弟在训练中意外丧生的消息。

2. 此人过去经历如何？是否曾经犯过类似的错误或制造过类似的伤害？

假如康上校过去担任军官的记录无懈可击，向来也很尊重人权。在决定如何处置他时，这些良好的记录是否应列入考虑？

3. 此人表现出来的人格特质怎样？一般来说，此人是否值得信任、细心谨慎、考虑他人的权利、无暴力倾向？

假如康上校手下的军官证实，他经常为小事勃然大怒，大多数下属都畏惧他，而且尽管该太空站地位中立，他对于太空站的母国却一直存有偏见，那结果又会有什么不同？

4. 这个时候他的态度如何？是对其行为的后果感到后悔，还是对所造成的错误或伤害无动于衷？

审判时，康上校表示："身为一名指挥官，我必须对这些错误负全责。"显然，康上校对自己的行为感到非常后悔。

5. 此人在错误或伤害的造成上扮演怎样的角色？是单独犯，还是有共犯？是带头的正犯还是帮助的从犯？

在供词中，康上校愿为自己的行为承担全部责任，但他手下的其他军官承认：在太空船降落前，所有的军官都曾经跟康上校碰面，而且都同意摧毁该中立太空站的农作物，以免落入敌军之手。

步骤三：识别受害者或受错误对待者的重要特征

除了审视造成错误或伤害者的相关特征，受到伤害或错误对待的人也可能有某些重要的特征，值得列入考虑。通过下列两个情形思考"事物的另外一面"。

1. 受害者对错误与伤害的发生，是否也有责任？

假如康上校在该太空站降落时，曾要求该地方为他饥饿的下属提供一点食物，却遭到拒绝。同时，太空站的居民曾攻击他们，甚至想要摧毁他们的宇宙飞船。如果是这样，该太空站的居民对自己所受到的伤害是否也该承担一定责任？

2. 这些人能否从错误或伤害中恢复？

如果该太空站因为康上校的手下所使用的武器产生了大量辐射，以致之后的五年农作物都无法生长。假如他们当初不采取这么激烈的手段，该地区应该在几个月内就可以再种植其他作物。那么，在决定采取何种回应方式时，我们是否该考虑：该太空站的人能否从错误或伤害中恢复？

步骤四：检验对错误及伤害常见的回应方式及其目的

如前所述，矫正正义的主要目标在于公平适当地回应错误与伤害，即矫正事态。回应方式不仅能矫正错误或伤害，还能预防犯错者未来再引起更多的错误或伤害，并制止或使其他人不敢造成错误与伤害。回应方式通常不止一种，想达成的目标也不止一种。

1. 告知犯错的人，其行为错误，或已经造成伤害

例（1）：交警拦下一辆外地牌照小轿车，告诉司机，按照本市交规规定，外地牌照未经申请，不能进入市区，但因为司机是第一次，如果赶紧离开他就不会开罚单。

例（2）：六岁的小磊因为玩火柴把公园草地引燃了，这场小火灾被随后赶来的小磊父母扑灭。随后，公园管理处的工作人员上门找小磊及其父母谈话，告诉他们，小磊的错误行为会为他自己和其他人带来危险或伤害，以后对孩子要严加看管，但这仅仅是口头警告，不会对其进行处罚。

这类回应方式的目的在于，向犯错误者说明其行为的错误，或已造成的伤害，以预防其未来再犯。这类错误或伤害并无矫正（处罚）的必要。

2. 故意忽略或不理会一项错误或伤害

例（1）：快递公司将一台新电视运送到客户家里，在搬运电视的过程中，送货员不慎打翻了门口的一盆玫瑰花，客户虽然很心疼，但决定不予追究。

例（2）：周老师是一家幼儿园的老师。有些小朋友在她讲故事的时候不断地拍手，对于这种行为，周老师通常不予理会。

有时候一些错误不值得耗费时间和精力去矫正，会故意忽略，不予处理。有时候犯错者只是想引起他人的注意，故意不理反而可以避免其他人效仿，这类错误或伤害也可以不予矫正。

3. 原谅或宽恕造成错误或伤害者

例（1）：小丽答应母亲上学时会把门锁好，可是出门时她却忘记了。之后有人潜入家里偷走了电视和电脑。小丽很难过，但妈妈原谅了她，因为妈妈认为小丽已经得到了教训，知道了负责的重要性。

例（2）：苏小姐借给小麦三千块钱，小麦答应一年内归还，但后来小麦失业了，根本无力偿还。苏小姐不但没有起诉小麦，反倒决定不让小麦

还钱了。

有时，我们决定原谅或宽恕别人的错误，是希望犯错者能自我反省，改正行为。有时则是认为对方已经得到足够的教训，因此对其所造成的错误或伤害不予追究。

4. 惩罚造成错误或伤害的人

例（1）：十八岁的小伟和二十岁的小超，因为两次入室盗窃，数额巨大，被判处有期徒刑 3 年。

例（2）：小马的母亲发现小马逃学，于是罚他整个周末都待在房间里，不得外出，也不得看电视，并且要他保证以后再也不逃学。

惩罚的目的之一是矫正，也就是对一项错误或伤害以公平的方式加以补救或施以处罚。惩罚也可以给犯错者一个教训，使其未来不敢再犯，同时可以产生制止作用，杀一儆百，警醒他人不再犯类似的错误。

5. 要求犯错者返还原物或恢复原状

例如：妈妈从超市回家后，发现五岁的儿子在玩一台消防车。她问儿子消防车从哪儿来的，儿子说："超市。"因为这个玩具没有付钱，所以妈妈赶紧带着儿子回到超市，找到经理，当着儿子的面跟经理说明原委，并要求儿子亲自把玩具还给超市。

当犯错者所拿的东西可以还给物主时，可以要求他返还原物或恢复原状，以矫正事态。要求犯错者返还原物或恢复原状，也可以预防或制止未来再次发生类似错误或伤害。

6. 要求犯错者赔偿损失

例（1）：张先生把从图书馆借的书弄丢了，这是一本绝版书，按照规定，张先生必须以定价的 5 倍向图书馆进行赔偿。

例（2）：有证据表明，一辆新能源汽车在出厂前就存在安全隐患，后来该车电池发生爆炸，导致驾驶车辆的司机及车内的一家三口死亡，汽车公司被起诉赔偿。经法院审判，判决汽车公司赔偿死者家属一千万元。

在很多情况下，错误和伤害已经造成，无可挽回。此时，可以要求犯错者以金钱或其他有价之物赔偿，弥补受到伤害或有所损失的人，这样也能预防或制止未来再次发生类似的事件。

7. 对犯错者进行治疗或教育

例（1）：在美国堪萨斯州的托比卡，所有入狱服刑的人，都必须先接受精神科医生和心理专家测试及诊疗。有研究表明，经过治疗的服刑人员获释之后，再犯入狱的概率比没有接受过治疗的人低很多。

例（2）：小罗开车太快，收到交警的扣分罚单，考虑到小罗认错态度良好，且累计扣分接近十二分，经申请，允许小罗参加驾驶学校的培训以代替扣分。

对犯错者进行治疗或教育并不是试图纠正他们犯的错误或造成的伤害，而是通过教授他们知识和技能，使他们变成社会中负责任的、自立的人，预防他们造成更多的错误或伤害。

步骤五：考虑相关的价值及利益，判断什么是最佳的回应方式

当对错误或伤害做出回应时，必须考虑特定的回应方式是否会增进或减少某些价值或利益。

1. 怎样的回应方式才能矫正错误或伤害？

我们对矫正正义的需求可以通过以某种方式纠正错误的回应来满足，例如那些需要犯错者归还他人物品、赔偿他人损失的回应，或者那些给犯错者规定责任、惩罚犯错者的回应。

但同时我们也可以选择其他回应方式以满足其他价值和利益，而不是满足矫正正义的需要。例如，一个朋友不小心打碎了你的物品，你不会要求她再去买一个或者为此付钱。

2. 回应方式，是否能预防制止同样的错误或伤害再次发生？

在许多情况下，针对某种错误或伤害选择某种特定回应方式的主要原因之一，是这种回应方式能够预防犯错者未来再做出类似的行为，也能够制止其他人犯类似的错误。

例如，把犯罪者送进监狱，是将他与社会隔离。人们希望当这个人被释放时，他能克制自己不再犯类似的错误。珍惜个人自由的人，也会因为不想坐牢而不去犯错。

3. 回应的方式是否会影响分配正义？

分配正义要求：同样的事情，得到同等对待；在重要方式上不同的事情应当被区别对待。

例如，有相似背景和犯罪记录的两个人因偷窃而被捕。两个人都接受了审判并被判有罪。如果其中一个人被判入狱服刑，而另一个则被判缓刑，这种回应方式会被看作违背了分配正义。

4. 回应的方式是否可能损及人性尊严？

许多人都有一种重要的信仰，那就是所有人，无论他们做了什么，都应当被有尊严地对待，被当作人来尊重，这是人的基本权利和价值。

例如，无论一个人的罪行有多么严重，都不应当用残忍的方式对待。

5. 回应的方式是否会影响生命权？

人类生命有一种基本的应当被保护的价值。一些人认为，即便为了惩罚那些剥夺了他人生命的人，死刑也是与这种价值相冲突的。还有一些人认为，死刑警示了潜在的杀人犯，并提高了人类生命的价值。

6. 如果有可用的资源，什么回应方式是实际可行的？

在对错误和伤害进行回应时，个人和社会（公众）需要有效利用自己的时间、精力和财富。必须考虑到不同的回应所需要付出的代价，在某些情况下，某种能够纠正错误的回应方式可能代价很高。

例如：在美国，为对抗犯罪而收集犯罪证据、进行法庭审判以及将被定罪的人送进监狱或其他机构的所有费用都是由社会支付的，然而，对受害者却无法提供任何补偿。

7. 回应方式如何影响自由？

很多国家和社会体系，都很注重个人的自由、选择、行动和表达，对于自由都赋予了很高的价值。因此在选择回应方式时，犯错者及社会其他成员的人身自由价值都必须考虑。

8. 回应方式如何影响比例原则？

在判断某种回应方式是否公平时，最重要的是要考虑这种回应方式是否与错误或伤害的严重性成正比。

例如，对一个冷血杀手的回应方式就应当比对一个偷自行车的人的回应更严厉。这就是所谓的“罪罚相当”。

9. 回应方式是否能满足报应的心理?

自古以来，人类对正义的理解就包含报应。时至今日，虽然有人认为在选择或评估回应方式时，不应该想到要报复，但还是有很多人觉得，以牙还牙是人类的天性，可以考虑将“扯平”作为矫正事态的方式之一。

【深入探究/练习】

运用表格中所列出的思考工具对矫正正义问题进行评估。

车 祸

阿丹开着新买的跑车带女友安娜去兜风。突然，一辆小轿车从对面的车道斜冲过来，迎面撞上了阿丹的跑车。不仅新车被毁了，而且阿丹和安娜都受伤了，一个轻微脑震荡，一个断了两根肋骨。

肇事车辆的驾驶人叫龙川，有严重的酗酒习惯，虽然他在事故中毫发无伤，但从车里出来的时候身上带有浓浓的酒味，说话还颠三倒四的。

处理车祸现场的交警要求龙川走直线，但龙川连保持平衡都有问题，而且口齿不清。经过抽血化验，确定龙川肇事时，身体里面的酒精含量严重超标，达到了醉驾的程度。

庭审的时候，龙川承认开车前自己的确喝了三杯白酒，而且对事发当时的情形已经完全记不清了。他没有质疑检方的证据，但是，他认为酗酒是一种病，应该治疗，而非惩罚。

检察官则主张，醉驾是一种严重的危害公共安全的行为，无辜的民众应该受到保护，让民众彻底远离醉驾者的威胁，最好的方式就是把醉驾者直接送进监牢。

最后，龙川被法院以危险驾驶罪定罪，拘役3个月。

【请思考】

1. 对于本材料中的错误与伤害，你认为最好的回应方式是什么?

2. 你所提出的回应方式，能否矫正其中的错误与伤害?

3. 你所提出的回应方式，能否预防未来发生类似错误与伤害?

解决矫正正义问题的思考工具表

问题	回答
一、辨别错误或伤害 1. 哪些是错误或伤害？ 2. 错误或伤害的程度有多高？请考虑： ●程度； ●持续时间； ●影响； ●恶性。	
二、识别造成错误或伤害的一个或多个人的重要特征： 1. 犯错或制造伤害的时候，这个人的精神状态如何？请考虑： ●故意； ●放任； ●粗心； ●了解可能的后果； ●控制； ●义务或责任； ●重要的价值、利益或责任。 2. 决定如何公平回应时，此人过去的经历如何，是否应考虑在内？ 3. 此人的人格特质如何，是否应考虑？ 4. 此人在造成错误或伤害之后，态度如何？ 5. 此人在造成错误或伤害中，扮演什么角色？	
三、识别受到错误对待或伤害的一个或多个人的重要特征： 1. 此人是否要对他遭受的错误或伤害负责？ 2. 此人从错误或伤害中复原的能力如何？	
四、研究对错误或伤害常见的回应方式及其目的： 1. 是否应告知犯错者其行为已造成错误或伤害？为什么？ 2. 是否应故意忽略或不理会该错误与伤害？为什么？ 3. 是否应原谅或宽恕造成错误或伤害的人？为什么？ 4. 是否应惩罚造成错误或伤害的人？为什么？ 5. 是否应要求犯错者返还原物或恢复原状？为什么？ 6. 是否应要求犯错者赔偿损失？为什么？ 7. 是否应对犯错者进行治疗或教育？为什么？	
五、考虑相关的价值和利益，判断什么是适当的回应： 1. 怎样的回应方式能够纠正错误或伤害？ 2. 回应方式是否能制止或预防错误或伤害再次发生？ 3. 回应方式是否会促进分配正义？ 4. 回应方式是否保护了人性的尊严？ 5. 回应方式是否会提升人类生命的价值？ 6. 根据现有的资源，什么回应方式是实际可行的？ 7. 回应方式是否会保护人的自由？ 8. 回应方式是否违背比例原则？ 9. 回应方式是否会满足报应的心理？	

第三单元　程序正义

课程目标：了解程序正义的重要性；学会使用思考工具评估程序正义的问题。

关键词：程序正义；正当法律程序

一、程序正义的目标

程序正义是指以公平方式搜集信息及做出决定的过程，并非探讨做出的决定本身公平或不公平。

程序正义的目标是：

1. 尽可能获得所需要的信息，以增加做出公平决定的机会。

2. 确保做决定时能公平正确地使用信息。

3. 保障重要价值和利益，如人格尊严、人身自由、分配正义、效率等。

【深入探究/练习】

下面的情况中，有数个跟程序正义相关的问题。阅读材料后，回答【请思考】下面问题。

1. 两位社区的居民向警察检举，说你看起来很像周末闯入学校破坏多媒体教室的青少年。结果警察不分青红皂白就把你抓起来，认定你破坏公物。

2. 上体育课时，体育老师决定让班上同学自行选择学什么球类。老师问了几个同学之后说："好的，学排球。"但是你和好几个同学都想学篮球，老师在做决定之前，根本没有给你们机会提出意见。

3. 警察只根据一名线人提供的消息，就冲进李希的家里，说要搜查政府重要资料。结果只找到几本像"外国"作家所写的书，就把李希逮捕了。经过连续五天不眠不休的审讯，李希终于承认自己有罪，表示自己批评过政府好几次，因此被定为"煽动颠覆国家政权罪"，判决入狱六年。

4. 政府成立一个委员会，专门负责核发农业用地转建设用地的手续。委员会办理转建手续前，必须先举行听证会。但委员会数次拒绝某利益相关公司在听证会上发表意见，委员会认为，其工作人员已经调查研究得相当清楚了，不用再做过多发言了。

【请思考】

1. 上述每种情况中需要搜集的信息分别是什么？以这些信息为基础做出的决定是什么？

2. 上述每种情况中，搜集信息或做出决定的程序，究竟是不是公平？有什么办法可以让这些程序更公平？

二、程序正义的重要性

程序正义为什么重要？人们通常认为，只要能搜集到需要的信息，并且做出正确的决定，不用在意方式方法。但是，从各个公权力部门（机关）执法的程序当中，可以看出一个政府甚至一个国家对基本人权的重视情况。

公权力机关及法院为什么有责任实行程序正义？

任何国家和社会都认同必须赋予公权力机关一定的职能职责，以便搜集违法犯罪的证据并抓捕犯罪分子，但是，也认为有必要给予某些部门、官员权力举行听证或审理，以判断犯罪嫌疑人的罪行是否属实，或是解决人与人之间的纷争。这些活动通常由行政机关或法院来执行。

由于这些在政府机构工作的人，拥有处置人们的生命、财产的权力，所以需要订立一些规则，对其权力及运用方式加以限制。比如，禁止政府未经正当程序，剥夺人民的生命、自由或财产。这表示未经公平的审判，政府不得采取对人民不利的行动。正当法律程序意味着：执法机构搜集信息及逮捕违法犯罪人员时，必须尊重人的基本权利。

政府机构中，我们往往比较关注公检法部门的程序正义问题，可能是因为，比起行政部门和立法部门，司法部门更容易成为大家注目的焦点。

事实上，一个国家的立法部门、行政部门的活动更加重要，因为这些部门所做的决定对人们的生活产生的影响更大。例如：征税、征地、征收房屋、管制贸易、对外宣战等。这些活动不仅影响到人们的日常生活，还会影响到一个国家和社会的发展。

三、如何评估程序是否公平？

评估程序正义时可用一些思考工具。这些思考工具适合在具体的情境下以课堂讨论的方式来运用。阅读评估程序中的每个步骤，将其运用到所举的事例中，回答下列问题，然后讨论每个步骤的用途。最好能结合自己的经历举例说明。

（一）识别“搜集信息的程序”的目的

1. 要搜集的信息是什么？

2. 为什么要搜集这些信息？

例（1）：一位警察开车经过一家银行，正好听到警铃声大作，有一个人慌慌张张地离开银行。他随即将这个人拦住，进行搜查。

例（2）：市政府为确定是否要征收某地块来兴建一所新的三甲医院，召开了听证会。

（二）评估搜集信息的程序

该程序是否能使我们搜集到所有可做出公平决定的必要信息？要回答这个问题，必须根据下列考虑加以评估。

1. 完整性。使用的程序是否完整？也就是说：这些程序是否能确保我们从利害关系人处搜集到所有可做出公平决定的必要信息？

例（1）：哈雷因盗窃文物被法院审判，但在法庭上，法官并没有给哈雷辩护的机会。

例（2）：N 市人大对于有必要制定法律法规或部门规章的事项（如养老照顾、学前儿童托育、旅游安全等），都会先举行一个听证会。有兴趣的民众及社会团体，都可以参加，只要来到 N 市，都有权利发表意见。

2. 通知。采用的程序是否事先通知了参加者，告知了举办听证会的理由、预订时间及其他重要事项，以便参加人员有充足的时间准备？

例（1）：老王直到出庭参加庭审的当天上午才收到开庭通知。

例（2）：市政府决定在某公园旁兴建火葬场，就该事项召开听证会，在听证会召开之前两个月，在全市进行了大规模的宣传。

3. 有效表达意见。采用的程序能否给参与者有效表达意见的机会，以作为决定时的参考依据？

例（1）：在审判过程中，法庭不允许犯罪嫌疑人请律师为自己辩护。

例（2）：凡是没有能力聘请律师为自己辩护的重大刑事案件的被告，法院会安排一位援助律师为其辩护。但需要帮助的人太多了，援助律师可能只有十到十五分钟的准备时间。

4. 可预测性及灵活性。这些程序是否具备可预测性（是否提前建立的）和灵活性（能够改变或配合当时的情形），以助力伸张正义？

例（1）：法庭在审判哈雷的过程中才临时制定了审判程序。

例（2）：阿伦虽然已经被安排到会议的发言人当中，可以在社区小组会议上发言，但是他因为车轮爆胎而迟到了。当他到达会场时，会议已经接近尾声了，但在他解释迟到的原因之后，即使他早已错过了议程上安排的发言时间，主席仍允许他进行了发言。

5. 可靠性。采用的程序是否能确保搜集的信息是可靠的或值得信赖的？

例（1）：法庭不允许哈雷的律师交叉询问控告哈雷犯罪的人。

例（2）：法庭允许一位目击证人对他所目睹的大桥倒塌时的情况作证，然而，因为证人并非建筑或结构工程学方面的专业人士，法庭不允许他对大桥垮塌的原因提供看法。

（三）评估做出决定的程序

采用的程序是否能确保所搜集的信息被公平公正地使用？要回答这个问题，必须从以下几方面进行评估：

1. 不偏不倚。在决定的过程中，能否不偏不倚——没有成见或偏见？

例（1）：负责审判小温贪污受贿案的法官，与其中一位重要证人有亲戚关系。

例（2）：法官的报酬来自他们所判决违法犯罪的人所缴纳的罚款。

2. 公开程序。做决定时所使用的信息是否公开，是否允许有兴趣的公众旁观或监督？

例如：警察半夜秘密逮捕了小A，审讯在监牢里进行，没有陪审员，除了法官、警察，以及对小A做不利证词的证人，没人知道发生了什么事情。

3. 发现错误及修正的可能性。采用的程序有无提供机会，让有兴趣的人核查已经完成的事项，以便发现（察觉）并纠正错误？

例（1）：小A在一审被判决有罪之后，立即发监执行，在入狱前，他根本没有机会对判决提出上诉。

例（2）：虽然市政府在会议中决定，新建学校要经过招投标，但会议记录里对此项决议并没有任何记载。

解决程序正义问题的思考工具表

问题	回答
1. 识别“搜集信息的程序”的目的 ●要搜集的信息是什么？ ●为什么要搜集这些信息？	
2. 评估搜集信息的程序是否能确保我们搜集到所有可做出公平判断的必要信息，考虑： ●完整性； ●通知； ●有效的表达意见； ●可预测性及灵活性； ●可靠性。	
3. 评估做出决定的程序是否能确保所搜集的信息被公平公正地使用，考虑： ●不偏不倚； ●公开程序； ●发现错误及修正的可能性。	

第三节　高中段：程序正义考虑的价值和利益

课程目标：了解程序正义需要考虑的价值和利益；掌握判断程序正义问题的思考工具，能够形成自己的观点并论证。

一、为什么应当考虑价值和利益？

一个程序也许在帮助政府或其他机构成员收集或评估信息方面很有用，但当它威胁到其他重要价值和利益的时候就是不公平的了。例如，在搜集信息的时候用酷刑折磨犯罪嫌疑人可能很有效，但违反了重要的价值如人格尊严，这是不公平的。因此，在判断一个程序是否公平的时候，人们也必须考虑某些价值和利益。

二、在考虑价值和利益时要用到的知识工具

采用的程序能否保障重要价值及利益？回答这个问题时，必须从以下几方面加以评估。

(一) 隐私和自由

采用的程序，有无侵犯到人的隐私或自由？

例 1：警察怀疑马先生贩卖毒品。为了取得法院的搜查令，警察必须先说服法官，让法官相信马先生的房子里有可能私藏了毒品。

例 2：在一些重要的日子，全国所有的机场航站楼里，安保人员都会检查旅客的行李，不仅用 X 光扫描，如果有必要还会把旅客的行李打开进行搜查。

例 3：小七因为盗窃被刑拘，关押两年后才进行审判，在等待审判期间，没有给他任何取保候审的机会。

(二) 人格尊严

采用的程序，有无违反某些基本观念？即无论人们的信仰或行为如何，所有人都应该被有尊严地对待。

例 1：在某些国家，为了让犯罪嫌疑人坦白实情，会对犯罪嫌疑人刑讯逼供。

例 2：在美国，涉嫌参与某类案件的人可能会要求法庭不公开审理他们的案件。

(三) 分配正义

采用的程序是否违反分配正义的基本原则？

例 1：在一次关于社区重要问题的政府听证会中，某个团体有 30 分钟的时间进行陈述发言，而其他团体却只有 10 分钟。

例 2：美国历史早期，政府只允许白人男性投票和担任陪审员。

（四）评估实际情况的合理性

采用的程序，是否符合理性和务实的实际？

例 1：大宇故意伤害另一名篮球选手，因而受到审判，但他宣称有权要求观看比赛的五千名观众出庭作证。

例 2：被告在法庭上几次无理干扰案件审理，法官警告他，如果再扰乱法庭秩序，就命令法警带他离开。

【深入探究/练习】

阅读以下根据著名小说家亚历山大·大仲马（1802—1870）的《基督山伯爵》改编的材料。虽然这是一部虚构的作品，但大仲马是基于 19 世纪法国政治犯的真实经历创作的这部小说。分组讨论并完成材料之后的思考工具表。

囚禁爱德蒙·唐泰斯

（一）船长的请求

那是 1815 年的冬天，一艘三桅帆船航行在地中海上，驶向马赛。在船舱下面，船长因为得了脑膜炎而发着高烧，奄奄一息地躺着。他叫来了他的大副，年轻的爱德蒙·唐泰斯，并对他做了最后的请求："我亲爱的唐泰斯，你发誓，按照我告诉你的去做，因为这是非常重要的事情。"

"我发誓。"唐泰斯回答。

"我死后，你将成为船长。把船停靠在厄尔巴岛，然后把这封信交给拿破仑。或许他会给你另外一封信，如果他这样做了，你就把那封信按他的要求传递出去，就像我活着的时候会做的那样。"

"我会这样做的，船长，但是他会见我吗?"

"这是我的戒指，"船长说，"把这枚戒指给他看，他会见你的。"

两个小时之后，船长开始昏迷不醒，隔天他就死了。

船长的请求困扰着唐泰斯。曾经统治过法兰西的拿破仑，战败后被流放到了厄尔巴岛，在那里，他实际上是一名囚徒。然而，法国仍然有许多人爱戴着拿破仑，甚至希望他能回到法国继续他的统治。

还有很多人并不这样看，他们认为拥护拿破仑的人是法国的叛徒，政府因此囚禁并处死了很多这样的叛徒。在当时的法国，如果被人怀疑拥护拿破仑或是为拿破仑感到惋惜都是非常危险的。唐泰斯了解这一切，但他认为自己应当完成一个垂死之人最后的请托，因此他做了船长嘱咐他的事情。他当时只有 19 岁，从未在拿破仑手下工作过。实际上，他对政治一无所知。他确信，他仅仅是在完成老船长的嘱托，并非效忠于拿破仑。

在将船长的信交给拿破仑之后，拿破仑果然给了唐泰斯另一封信，请他转交给巴黎一个名叫诺瓦蒂埃的人。唐泰斯随后将船驶回了马赛，他在那里将船上的货物卸下，并即将迎娶他美丽年轻的未婚妻美茜蒂斯。

唐泰斯不知道，其实有很多人都在密谋想整垮他。其中一个人是因为嫉妒唐泰斯，他才 19 岁，现在却成为一艘船的船长。另一个人是因为爱慕美茜蒂斯，嫉恨唐泰斯要娶她为妻。他们给警察局写了一封信，说唐泰斯去见了拿破仑，并带着一封信要交给巴黎的革命党人。

（二）唐泰斯被捕

音乐、笑声、光鲜的华服，欢乐充满了整个房间，仆人们准备了丰盛的食物，并正在布置桌台。这是为爱德蒙·唐泰斯和美茜蒂斯准备的婚宴，这对幸福眷侣的朋友和家人都聚集在房间里，宴会结束后，大家都将去教堂参加婚礼仪式。

就在这时，他们听到了令人恐惧的士兵行进的脚步声。随后，房门上响起了一把剑叩门的声音，“开门！”一个响亮的声音喊道，“我们是来执行法院的命令的！”一个警官和五个士兵走了进来。“谁是爱德蒙·唐泰斯？”

唐泰斯走上前。

“爱德蒙·唐泰斯，”警官说，“我以法律的名义逮捕你！”

“我？”唐泰斯问，“为什么？”

“我不能告诉你，但你第一次被审问的时候就会知道的。”

在与朋友们一一握手告别后，唐泰斯走向了那名警官并转身对家人和美茜蒂斯说：“别担心，只是一些小误会，放心，他们一旦查明真相，很快我就会回来的。”

“再见，爱德蒙！”美茜蒂斯在阳台上哭喊着。

“再见，亲爱的美茜蒂斯，我很快就会回来的！”唐泰斯喊道。

（三）审问

在警察局，维尔福伯爵审问了唐泰斯。维尔福那天本来也要结婚，但当他听说这个人因为跟拿破仑接触而被指控叛国受到逮捕，他毅然离开了家和自己的新娘，去进行审讯。维尔福是拥护法国国王的，但他知道他必须非常谨慎地维持现在的状态，因为他的父亲曾经是拿破仑的支持者，直到现在仍被怀疑阴谋反抗国王。维尔福希望与自己的父亲撇清关系，甚至还更改了自己的名字以彻底断绝关系。作为国王的检察官，他知道如果他不能成功地证明那些被怀疑效忠拿破仑的人有罪，他自己就会遭到怀疑。

当他第一眼看到唐泰斯时，他心软了。他发现唐泰斯是一个勇敢且诚实的人。当唐泰斯告诉他垂死的船长最后的嘱托，还有他对政治的一无所知时，维尔福无法不相信他。

维尔福说："看来这是事实，如果你有错，也只能是行为不够明智。考虑到你是奉了船长的命令，我不能证明你有罪。"

"那么我是自由的了，先生？"唐泰斯高兴地喊道。

"是的，但是你得先把你要带去巴黎的信交给我。"

"已经给您了，警官早就从我身上把信拿走了，就在您的桌子上。"

"等等，"正当唐泰斯去拿他的帽子和手套的时候，维尔福说，"这封信是写给谁的？"

"写给巴黎的诺瓦蒂埃先生的。"唐泰斯答道。

当时，即使是一道闪电击中了房间，维尔福都不会如此震惊。他倒在椅子里，将那封信取出来，带着恐惧的神色看着它。

"巴黎的诺瓦蒂埃先生！"他的脸色越发苍白了。

"是的，"唐泰斯说道，"您认识他？"

"不！"维尔福回答，"一个对国王忠诚的奴仆是不会认识叛徒的。"

"那么说，这是阴谋了？"唐泰斯问，"我对此一无所知。"

"是的，但你知道这封信的收信人的名字。"

"是的，我必须知道姓名和地址才能知道信要交给谁。"

"你有没有将这封信给任何人看过？"

"没有，我以名誉发誓。"

维尔福又跌坐进他的椅子里，“噢，如果国王知道诺瓦蒂埃是我的父亲，我就毁了！”他低声说。“唐泰斯，我无法立刻放你自由了，我必须与法官讨论。但我会看看怎样能帮到你，对你不利的事情都在这封信里。”维尔福走近壁炉，将信丢进了火中，“你看，我把它销毁了。”

“噢，您拯救了我。”唐泰斯喊道。“你现在信任我了吗？”维尔福问。“是的，完全。”唐泰斯回答。

“那么，听我的建议，无论发生什么事，都千万别告诉任何人关于这封信的事，一切都会没事的。”

“我发誓我不会说的。”唐泰斯说。

（四）唐泰斯了解自己的命运

维尔福拉了响铃，一位警官走进来，维尔福跟他耳语几句，警官点点头。

“跟他走！”维尔福说。

当晚，4 个武装宪兵将唐泰斯带上了一辆马车，穿过镇上的街道，马车停在了港口，又有 12 名宪兵从夜幕中出现。唐泰斯被带到一艘小船上，并坐在武装宪兵中间。桨手用力地划着船，小船行进在夜色笼罩的水面上。

“你们要把我带到哪里去？”唐泰斯问。

“你很快就知道了。”一名宪兵回答。

唐泰斯心中闪过一些可怕和奇怪的念头。难道他们打算在某个偏僻的地方放他走？港口并没有大船，他们并没有把他绑起来，这似乎是意味着他们会放他走。而且，维尔福告诉过他，只要他不提那封信，或诺瓦蒂埃的名字，他就会得到自由。他安静地等待着，瞪着眼前的一片黑暗，他能看到远处美茜蒂斯房间的灯光。

他转向那个靠他最近的宪兵说：“朋友，我以一个基督徒的身份请求你，请告诉我我们要去哪里？我是唐泰斯船长，虽然我被控叛国，但我的确是一个忠诚的法国人。请告诉我你们要带我去哪里？我保证不会反抗的。”

“现在我告诉你也无妨，你是从马赛来的水手，还不知道我们要去哪里吗？你看看你周围。”

唐泰斯站起来，向前望去。他看到黑森森的岩石上耸立着的是伊夫堡。

这座三百多年历史的阴森恐怖的古堡现在是一座监狱，对于唐泰斯来说，这看上去就像是刽子手和断头台。

“我们为什么要去那儿?”唐泰斯喊道。

宪兵笑了。

“我不是要去这座监狱吧！这是用来关押政治犯的地方，我没有做任何事！伊夫堡有法官和法庭吗?”

“没有，只有监狱长、宪兵和又重又厚的墙壁。”

“你觉得我会被关在这儿吗?”

“看起来是这样的。”

“什么审判都没有?”

“你已经被审判过了啊。”

唐泰斯打算跃入海中，但被宪兵迅速阻止了。小船抵达岸边后，他们将他带进了一间牢房。唐泰斯并没有反抗，他就像一个梦游的人。“天已经晚了，”狱卒说，“这儿有面包、水和新鲜的稻草，一个犯人希望得到的就这些了，晚安。”

唐泰斯孤独地在黑暗中静默。第二天的第一道光照进囚室的时候，狱卒回来了。

他发现唐泰斯站在昨天那个位置，一动也不动，好像钉在那儿，他的眼睛都哭肿了，他就这样站在这里一整夜都没有睡。

狱卒走向唐泰斯，把手放在他的肩上。

“你没有睡吗?”他问。

“我不知道。”唐泰斯答。

“你饿不饿?”他又问。

“我不知道。”

“你想要什么吗?”

“我要见监狱长。”

“那是不可能的。”

“为什么?”

“因为这违反了规定。如果我们让你去散散步，总有一天你会见到他的，但他不会听你说的。”

“但是，”唐泰斯问，“我要等多久?”

“啊，一个月！六个月！或许一年!”

后记：直到最后逃脱，爱德蒙·唐泰斯被关在伊夫堡整整14年。

解决程序正义问题的思考工具表

问题	回答
1. 识别“搜集信息的程序”的目的 ●要搜集的信息是什么? ●为什么要搜集这些信息?	
2. 评估搜集信息的程序是否能确保我们搜集到所有可做出公平判断的必要信息，考虑： ●完整性； ●通知； ●有效的表达意见； ●可预测性及灵活性； ●可靠性。	
3. 评估做出决定的程序是否能确保所搜集的信息被公平公正地使用，考虑： ●不偏不倚； ●公开程序； ●发现错误及修正的可能性。	
4. 这些程序是否保护了重要的价值和利益？考虑： ●隐私和自由； ●人格尊严； ●分配正义； ●务实的考虑。	
5. 你认为这些程序是否足以实现程序正义的目标？如有必要，你认为需要进行哪些更改?	
6. 说明你的观点。	

【深入探究/练习】

评估、决定立场并为其辩护。

分组讨论。阅读材料时，认真思考其中老师及校长收集信息做出决定时采用的程序是否公平。决定自己的立场并说明：其采用的程序是否能促进程序正义的目标。别忘了使用“解决程序正义问题的思考工具表”，提醒自己考虑每一个步骤。

每个小组须向全班先说明自己的立场，以便进一步讨论。也可利用材料内容来进行角色扮演，召开模拟听证会。

作弊事件

莉莉是纽约菲利普高中三年级的学生，1 月份参加了全州历史会考。在会考开始时，监考老师发给每位同学两张草稿纸及印好的试卷。就在考试接近尾声时，巡视人员发现莉莉正在抄写一张两面都写满了字的草稿纸，于是便将该草稿纸拿给该考场的监考老师。后来，老师将莉莉和草稿纸一起转交给校长处理。

莉莉跟校长解释：她是在考试开始的半小时，把脑中记忆犹新的学习内容先写了下来。校长要莉莉写一份情况说明，把事情的原委交代清楚，并签名。然后连续盘问了莉莉两个小时，之后，校长以下列文字描述了他所认定的情形：

“莉莉似乎不太可能如她所说，在考试开始的半小时，把这些内容通通写下来。因为我请她把这些内容再照抄一遍，看看是否如她所说的，在半小时内完成。结果我发现：二十分钟后她才抄到四分之一……”“因此，我再次问莉莉这是怎么回事，她最后终于承认作弊。我撕掉她前一份情况说明，叫她再写一份，交代清楚做了什么。她写了一份新的情况说明，而且签字确认作弊。整个过程当中，莉莉看起来都相当激动，而且泪流满面。”

第二天，当莉莉冷静下来后，她跟校长说想拿回她的情况说明书，校长拒绝了。

1 月 31 日，校长给教育委员会发了一个函，向教育委员会报告了莉莉作弊的事情，莉莉被教育委员会认定为作弊，该次会考成绩记零分，并且决定取消莉莉申请奖学金的资格以及参加高考的资格。

莉莉所有的资格均被取消了，同时也意味着她拿不到高中毕业证，申请大学的资格也丧失了。如果她之后表现良好，校长可以提议恢复她原有资格，但莉莉的档案里仍然会有作弊零分的记录，很多大学不会录取有类似记录的学生。

2 月初，莉莉的父母请了一位律师，该律师给学校及教育委员会分别发了一封律师函，指责学校未经过学生申诉程序就给予处罚，这个程序不合理，对莉莉不公平。

3月初，教育委员会回复律师，提议让莉莉、莉莉的父母及律师，跟学校协商处理，并注明律师只能参与旁听，不得介入协商声援莉莉，莉莉的律师没有接受这个条件。

最后学校决定还是召开听证会，专门讨论这件事情。莉莉、莉莉的父母及律师都没有出席。听证会上，校方认为：校长的做法虽有修正的必要，但莉莉确实作弊了。

【请思考】

1. 校方人员采用的程序是否公平？理由何在？

2. 如果以上程序有需要改进的地方，你认为应该改哪些地方？为什么？

3. 你建议采用的程序有什么优点？有没有缺点？

4. 你建议的程序能否促进某些价值和利益？

模拟学生申诉听证会程序：

1. 将全班分为三组：

第一组，应提出一份五分钟的说明，立场为：本案中使用的程序公平合理。

第二组，应采取的立场是：程序不公平，学校应该撤回对莉莉的处分，或为莉莉重新召开听证会。

第三组，担任学生申诉委员会委员，主持听证会。

2. 在准备阶段，第一组和第二组应发挥自己的立场，准备答辩，第三组则应该准备问题，以便向第一组和第二组的同学发问。

3. 听证会应从申诉委员中推选一人担任主席主持申诉听证会。给双方五分钟进行说明，五分钟回答学生申诉委员会的问题。

4. 在双方都提出立场及说明后，学生申诉委员会应讨论哪一方的观点更有说服力，做出对其中一方有利的决定，并向班上同学说明理由。

结语　让法治核心理念的教育性凸显出来

在探讨法治教育的四大支柱——“权力”“权利”“责任”“正义”及其配套思考工具时，我们的探讨远未穷尽其深度与广度，因这些理念的精髓与实践应用浩如星海，难以在一隅之中全然展现。我们期许，在教师的精心引导下，学生们在这场知识探索之旅中，不仅能感受到学习的乐趣，更能体会到这些理念的实用价值，使之成为解决生活难题、塑造个人立场的锐利工具。当学生们掌握了这些知识与技巧，他们将在自由而多元的社会舞台上，担负起积极贡献者的角色，以理性和正义之光照亮前行的道路。

法治教育，其意义远超政治框架，它是一场深刻的教育革命，旨在培育具备法治精神的公民。它不仅仅是知识的灌输，更是价值观的塑造与传承，鼓励我们将所学内化于心、外化于行。

法治教育的精髓，深藏于法律条文背后的智慧与哲理之中。如何超越传统的说教模式，让法治精神在教育中生动展现，成为教育者必须面对并努力攻克的重要课题。为此，我们需从三方面着力深化：

首先，在于教育者对法治核心理念的精准把握与深刻理解。这不仅要求我们对“权力”“权利”“责任”“正义”等概念有全面而准确的认识，避免任何偏离民主法治精神的误导，更要将这些理念融入日常生活问题的剖析之中，使之成为学生思考与行动的指南。同时，教育者还需根据中小学生的年龄特征与心理发展规律，创新教学方式，使法治教育更加贴近学生实际。

其次，法治教育应打破传统框架，充分挖掘其潜力。我们不能仅限于思想政治教育课及有限的活动时间，而应让法治精神渗透进学校生活中，成为学生日常生活的一部分。通过丰富的实践活动与直接课程，让学生在亲身体验中感受民主与法治的力量，避免培养出“知行不一”的双重人格。

最后，法治教育的关键在于教师的言传身教。教师作为学生心灵的引路人，其言行举止无不影响着学生的成长。因此，教师自身应成为民主与法治精神的践行者，通过其行为示范，让学生在潜移默化中接受法治教育。正如孔子所言："其身正，不令而行；其身不正，虽令不从。"教师的率先垂范，是对学生最深刻、最有效的法治教育。

综上所述，法治教育是一项系统工程，需要教育者、学生乃至整个社会的共同努力。让我们携手并进，为培养具有法治精神的未来公民而不懈奋斗。